AF454591

# CATALOGUE

DE

# MONNAIES DU MOYEN AGE

# CATALOGUE

DE

# MONNAIES

## DU MOYEN AGE

— EN ARGENT — EN BILLON

COMPOSANT LA COLLECTION

## Du Prince ALEXANDRE TROUBETZKOY

MONNAIES

ANGLAISES — DES CROISADES

DES EMPEREURS D'OCCIDENT ROIS D'ITALIE

ET DE VILLES ITALIENNES

# PARIS

CHEZ ROLLIN, RUE VIVIENNE, 12

M DCCC LX

# SOMMAIRE

---

## MONNAIES ANGLAISES



## MONNAIES DES CROISADES

SOMMAIRE.

# MONNAIES DES EMPEREURS D'OCCIDENT
### COMME ROIS D'ITALIE



---

# MONNAIES ITALIENNES

# MONNAIES ANGLAISES

## ANGLO-SAXONES ET ANGLO-DANOISES

1 **Ethelwulf** (836-857). Profil du roi : ÆDELWVLF. REX. R⹁. Croix       20
dans les branches : AEDELVOD. MO ; NETA entre les branches.
Denier d'argent de Canterbury.

2 **Ethelbert** (860-866). Profil : ÆDELBEART. REX. R⹁. Croix dans       20
les branches : SEFRED. MO ; NETA entre les branches.
Denier d'argent d'Exeter.

3 **Ethelred** (866-871). Profil : EDELRED. R. R⹁. BIARMOD. MONETA       20
en trois lignes.
Denier d'argent d'Exeter.

4 **Alfred le Grand** (871-901). Profil : ÆLFRED. RX. R⹁. LONDI en       40
monogramme.
Denier d'argent de Londres.

5 **Edouard l'Ancien** (901-924). Profil : EAWEARD. REX. R⹁. BVCA.       36
MON. en deux lignes.
Denier d'argent.

6 **Atelstan** (925-941). Profil : ÆDELSTAN. REX. R⹁. Petite croix :       15
PROBEAR. MO. NORMO.
Denier d'argent de Norvisch.

7 **Edmund** (941-947). Profil : EADMVND. REX. R⹁. Petite croix :       30
FREDARD. MON. LIT.
Denier d'argent d'Exeter.

8 **Edred** (947-955). Profil : EADRED. REX. R⹁. Petite croix ; MANE-       30
NIN. MON. E.
Denier d'argent d'Exeter.

9 **Edwig** (955-959). Petite croix : EADWIG. REX. R⹁. BALIVIH. E.       15
en trois lignes entre lesquelles des croix.
Denier d'argent d'Exeter.

10 **Edgar** (959-975). Profil : EADGAR. REX. ANGLOSX. ℞. Petite croix : NILDIG. MON. GROB.
Denier d'argent de Canterbury.

11 **Edouard le Martyre** (975-978). Profil : EADVEARD. RX. ANEL. ℞. Petite croix : HANGRÆNTNA. M.
Denier d'argent.

12 **Ethelred II** (978-990). Profil : ÆDELRED. REX. ANGLOSX. ℞. Entre A et W la dextre : EADPOLD. MO. COENTRA.
Denier d'argent de Canterbury, servant à payer le Danegelt.

13 **Ethelred II** (991-1013). Profil, sceptre : ÆDELRED. REX. ANGLOSX. ℞. CRVX entre les branches d'une croix EDELPINE. MO. LVND.
Denier d'argent de Londres, servant à payer le Danegelt.

14 **Ethelred II** (1014-1016). Profil : ÆDELRED. REX. ANG. ℞. Grande croix à travers la monnaie VLEGTD. MO. LING.
Denier d'argent de Lincoln.

15 **Canut le Grand** (1017-1035). Profil, main dessous : CNVT. REX. ANGLORVM. ℞. Grande croix : ÆLFRIC. ON. LEC.
Denier d'argent inédit de Leicester.

16 **Harold** (1036-1040). Profil : HAROLD. REX. ℞. Croix : ELENOD. ON. LINCOL.
Denier d'argent de Lincoln.

17 **Hardienut** (1040-1042). Profil : HARECNVT. ℞. Croix ornée ALFWARD. ON. L.
Denier d'argent de Londres.

18 **Edouard le Confesseur** (1042-1050). Le roi assis sur son trône : EADPA. R. ANGLV. ℞. Écu écartelé avec corbeaux.
Denier d'argent de Lincoln.

19 **Edouard le Confesseur** (1050-1066). Buste : EADPARD. REX. AI. ℞. Petite croix et annelet : VILLIE. MON. EORK.
Denier d'argent inédit pour l'annelet d'York.

20 **Harold II Godwinson** (1066). Profil, sceptre : HAROLD. REX. ANGL. ℞. PAX dans le champ : PVLFPHR. MON. LVN.
Denier d'argent de Londres.

## ROYAUME D'ANGLETERRE : ROIS NORMANDS

21 **Guillaume le Conquérant** (1066-1087). Profil : ILLEMV. REX. I. Ꝓ. Croix : PVLFRED. ON. LV.
Denier d'argent de Londres.

22 **Guillaume II le Roux** (1087-1100). Buste : PILLEMV. REX. Ꝓ. PAX. S. entre les branches d'une croix : VLNABONS. EIT.
Denier d'argent d'Exeter.

23 **Henry Beauclerc** (1100-1135). Buste : HENRICUS. Ꝓ. Croix festonnée : P. AN. EVP.
Denier d'argent.

24 **Etienne de Blois** (1135-1154). Face barbue, sceptre : STEF. Ꝓ. Croix de croisilles.
Denier d'argent.

25 **Etienne de Blois** (1135-1154). Profil : STIFEN. Ꝓ. Croix et fleurs de lis.
Denier d'argent.

26 **Etienne et la reine Mathilde** (1141). Le roi et la reine debout, tenant un long sceptre : STIF. Ꝓ. Croix ornée et étoilée, des R, des croix, des trèfles et des demi-lunes dans la légende.
Denier d'argent.

## ROIS DE LA FAMILLE D'ANJOU : PLANTAGENETS DIRECTS

27 **Henry II Plantagenet** (1054-1189). Face barbue : HENRY. REX. Ꝓ. Croix et petites croix entre les branches : W. ON. DVN.
Denier d'argent.

28 **Jean, duc de Normandie, régent** (1190-1194). Tête : JOANNES. DOM. Ꝓ. Croix et annelets : NORMAN. ON. DWE.
Denier d'argent inédit de Dublin.

29 **Richard Cœur de Lyon** (1194-1199). Croix : RICARDVS. REX. Ꝓ. PICTAVIENSIS en trois lignes.
Denier d'argent du Poitou.

30 **Jean sans Terre** (1199-1216). Face dans un triangle : IONANNES. REX. Ꝓ. Croissant et étoile dans un triangle : ROBERT. ON. DWE.
Denier d'argent de Dublin.

31 **Henry III** (1216-1247). Face et sceptre : HENRICVS. REX. R⁊. Petite croix : IONAN. ON. CANTA.

Denier d'argent de Canterbury.

32 **Henry III** ( 1247 - 1272 ). Face barbue : HENRICVS. REX. R⁊. Grande croix à travers la monnaie : NICOLE. ON. CANT.

Denier d'argent de Canterbury.

33 **Edouard I** ( 1272-1303 ). Face : EDV. R. ANGL. DNS. HSB R⁊. Grande croix, besants : CIVITAS. DVREME.

Denier d'argent de Durham.

34 **Edouard I** (1272-1307). Face dans un triangle : EDV. R. ANGL. DNS. HJB. R⁊. Grande croix : CIVITAS. DVPLINIE.

Denier d'argent de Dublin.

35 **Edouard II** (1307-1326). Face : EDWARD. R. ANG. DNS. HIB. R⁊. Grande croix : CIVITAS. LONDON.

Denier d'argent de Londres.

36 **Edouard III** (1337-1377). Buste de face : EDWARD. DEI. G. REX. ANGL. DNS. HJB. ET. RQI. R⁊. Croix écartelant, double légende ; au dehors : POSVI. DEVM. ADIVTOREM. MEVM. ; au centre : CIVITAS. LONDON.

Gros d'argent de Londres.

37 **Edouard III** (1349-1377). Le roi dans un navire, l'épée à la main, appuyé sur un écu aux armes de France et d'Angleterre : EDWARD. DEI. GRA. REX. ANGLE. FRANC. D. HB. R⁊. E dans une croix ornée de léopards, de couronnes et de fleurs de lis : INC. AVTEM. TRANSIENS. P. MEVM. ILLORVM.

Noble d'or.

38 **Edouard, prince de Galles, le Prince Noir** (1360-1376). Buste de face, l'épée à la main : ED. PO. GEN. REG. AGIE. R⁊. Grande croix avec léopards et fleurs de lis : PRICPS. AQVITAN.

Denier d'argent.

39 **Edouard le Prince Noir** (1360-1376). Profil, l'épée à la main : ED. PO. GENITV. REGI. ANGLIE. R⁊. Grande croix écartelant double légende ; au dehors : EXELCIS. DO. ET. IN. TER. P. NO. Au centre : PRICPS. AQVITAN.

Demi-gros d'argent.

40 **Prince Noir** (1360-1376). Le prince debout, l'épée à la main, sous un dais entouré de plumes : ED. PO. GNS. REGI. ANGLI. PANCPS. DQI. R⁊. E dans une croix ornée de léopards et de lis ;

entre les branches : AIVTOR. PTEGTO. MEI. IPS. ΓAVT. COR. MEVM.

Pavillon d'or.

**41 Richard II** (1377-1399). Le roi debout dans un navire, l'épée à la main ; écu aux armes de France et d'Angleterre : RICARD. DI. GRA. REX. ANGL. E. FRANC. DNS. HJB. AQIT. ℞. R au centre d'une croix ornée de fleurs de lis et de léopards ; entre les branches : IHC. DYTEM. TRANSIENS. PER. MEDIV. ILLORVM. IBAT.

Noble d'or.     *50*

## ROIS PLANTAGENETS DE LA BRANCHE DE LANCASTRE

**42 Henri IV Bolingbrocke** (1399-1413). Buste de face : HENRIC. DI. GRA. ANGLE. FRANC. REX. ℞. Grande croix écartelant double légende ; en dehors : POSVI. DEVM. ADIVTOREM. MEVM. Au centre : CIVITAS ; un petit carré LONDON.   *2*

Gros d'argent de Londres.

**43 Henri IV Bolingbrocke** (1399-1413). Le roi dans un navire, l'épée à la main ; écu aux armes de France et d'Angleterre : HENRIC. DI. GRA. REX. ANGL. FRANC. DNS. HYB. ℞. H au centre d'une croix ornée de léopards et de fleurs de lis : IHG. AVTEM. TRANSIENS. PER. MEDIV. ILLORVM. IBAT.   *20*

Noble d'or.

**44 Henri V** (1420-1422). Buste de face : HENRIC. DI. GRA. REX. ANGL. E. FRANC. ℞. Grande croix écartelant double légende ; en dehors : POSV. DEVM. ADIVTORE. MEVM. Annelets au centre : VILLA. CALISIE.   *2 50*

Gros d'argent de Calais.

**45 Henri V** (1413-1422). Le roi dans un navire, l'épée à la main ; écu aux armes de France et d'Angleterre : HENRIC. Fleurs de lis : DI. GRA. REX. ANGL. E. FRANC. DNS. HYB. ℞. H au centre d'une croix ornée de léopards et de fleurs de lis : IHC. AVTEM. TRANSIENS. PER. MEDIV. ILLORVM. IBAT.   *20*

Noble d'or.

**46 Henri VI Montmouth** (1422-1461). Buste de face : HENRIC. DI. GRA. REX. ANGL. E. FRANC. ℞. Grande croix écartelant double légende ; en dehors : POSVI. DEVM. ADIVTORE. MEVM. Au centre : CIVITAS. LONDON.   *2*

Gros d'argent de Londres.

47 **Henri VI Montmouth** (1422-1436). L'Annonciation ; demi-fi-
gures au-dessus des écus de France et d'Angleterre : HENRI-
CVS. DEI. GRA. FRACORV. E. AGLIE. R. ℞. Croix entre léopard
et fleur de lis : H. XPG. VINCIT. XPG. REGNAT. XPG. IMPE-
RAT.
Salut d or.

## ROIS PLANTAGENETS DE LA BRANCHE D'YORCK

48 **Edouard IV** (1461-1483). Buste de face : EDWARD. DI. GRA.
REX. ANGL. E. FRANC. ℞. Grande croix écartelant double
légende ; en dehors : POSVI. DEVM. ADIVTORE. MEVM. Au centre : CIVITAS. LONDON.
Gros d'argent de Londres.

49 **Edouard IV** (1461-1483). Le roi dans un navire, l'épée à la
main ; écu aux armes de France et d'Angleterre : EDWARD.
DI. GRA. REX. ANGL. E. FRANC DNS. I. B. ℞. Une rose dans
une étoile ornée de fleurs de lis et de léopards couronnés :
IHS. AVT. TRANSIENS. PEP. MEDIVM. ILLORVM. IBAT.
Noble à la rose d'or.

50 **Richard III** (1483-1485). Buste de face (demi-sol et demi-
rose) ; marque de la monnaie : RICARD. DI. GRA. REX. ANGL.
E. FRANC. ℞. Grande croix écartelant double légende ; en
dehors : POSVI. DEVM. ADIVTORE. MEVM. Au centre : CIVITAS.
LONDON.
Gros d'argent de Londres.

51 **Richard III** (1483-1485). Saint Michel terrassant le démon
(demi-sol et demi-rose) ; marque de la monnaie : RICAR. DI.
GRA. REX. ANGL. E. FRANC. ℞. L'écu d'Angleterre dans un
navire ; au-dessus, une croix entre R et une rose ; même
marque de monnaie : PER. CRVCE. TVA. SALVA. NOS. XPC.
BEDEC. M.
Angel d'or inscrit au catalogue de Leigh à la vente du 22 septembre 1845,
comme *unique* à cause de la marque de la monnaie (demi-sol et demi-
rose).

## ROIS ET REINES DE LA FAMILLE TUDOR

52 **Henri VII** (1485-1503). Buste de face : HENRIC. DI. GRA. REX.
ANGL. E. FRANC. ℞. Grande croix écartelant double légende
en dehors : POSVI. DEVS. ADIVTORE. MEVM. Au centre : CIVI-
TAS. LONDON.
Gros d'argent de Londres.

53 **Henri VII** (1503-1509). Profil : HENRIC. VII. DI. GRA. REX.
AGLI. Z. F. B̷. Grande croix écartelant l'écu d'Angleterre :
POSVI. DEV. ADIVTORE. MEVM.
Gros d'argent.

54 **Henri VII** (1485-1509). Saint Michel terrassant le démon :
HENRIC. DI. GRA. REX. ANGLIE. Z. FRA. B̷. L'écu d'Angleterre
dans un navire ; au-dessus, une croix entre H et une rose :
PER. CRVCE. TVA. SALVA. NOS. XPC. BEDC.
Angel d'or.

55 **Henri VII** (1485-1509). Le roi assis sur son trône sous un dais :
HENRICVS. DEI. GRA. REX. ANGL. ET. FRAN. DNS. HIBN.
B̷. L'écu d'Angleterre dans une rose entourée de fleurs de
lis et de léopards : INEBEVS. AVTEM. TRANSIENS. PER. MEDIVM.
ILLORVM. IBAT.
Double noble à la rose d'or.

56 **Henri VIII et le cardinal Wolsey, archevêque d'York**
(1527-1529). Profil : HENRIC. VIII. D. G. R. AGL. Z. FRA.
B̷. Grande croix écartelant l'écu d'Angleterre, chapeau de
cardinal au-dessous : CIVITAS. EBORACI.
Gros d'argent d'York.

57 **Henri VIII** (1509-1547). Saint Michel terrassant le démon :
HENRIC. VIII. DI. GRA. REX. AGL. Z. FR. B̷. L'écu d'Angleterre dans un navire ; au-dessus, une croix entre H et une
rose : PER. CRVCE. TVA. SALVA. NOS. XPG. BEDE.
Angel d'or.

58 **Edouard VI** (1547-1553). Buste entre une rose et XII : EDWARD.
VI. D. G. AGL. FRA. Z. HIB. REX. B̷. Grande croix écartelant
l'écu d'Angleterre : POSVI. DEV. ADIVTOR. MEV.
Shelling d'argent de la tour de Londres.

59 **Edouard VI** (1547-1553). Buste du roi en profil : SCVTVM.
FIDEI. PROTEGET. EVM. B̷. Entre E et R les armes d'Angle-
terre : EDWARD. VI. D. G. AGL. FRA. Z. HIB. REX.
Ducat d'or.

60 **Edouard VI** (1547-1553). Buste du roi en profil : EDWARD. VI.
D. G. AGL. FRA. Z. HIB. REX. B̷. Entre E et R les armes d'An-
gleterre : SCVTVM. FIDEI. PROTEGT. EVM.
Souverain d'or.

61 **Marie Tudor avec Philippe II, roi d'Espagne** (1555). Sous
une couronne, les profils du roi et de la reine : FILIP. E. MA-
RIA. D. G. REX. ET REGINA ANG. B̷. Les armes d'Angleterre

écartelées avec celles d'Espagne : POSIMVS. DEVM. ADIV-
TOREM.

Schelling d'argent.

62 **Marie Tudor** (1553-1554). Saint Michel terrassant le démon :
MARIA. D. G. ANG. FRA. Z. HIB. REGINA. R̷. L'écu d'Angleterre dans un navire, au-dessus une croix entre M et une
rose : A. DNO. FACTVS. EST. ISTVD. Z. EST. MIRABI.

Angel d'or.

63 **Elisabeth** (1567). Profil : ELISABETH. D. G. ANG. FR. ET. HI.
REGINA. R̷. Grande croix écartelant les armes d'Angleterre
au-dessus le millésime : POSVI. DEV. ADIVTOREM. MEVM.

Demi-shelling d'argent.

64 **Elisabeth** (1601). Buste de face : VNVM. A. DEO. DVOBVS. SVS-
TINED. R̷. Sous la couronne et le millésime monogramme de
la reine : AFFLICTORVM. CONSERVATRIX.

Demi-shelling d'argent. Pièce d'essai inédite.

65 **Elisabeth** (1558-1603). Profil : ELISABETH. D. G. ANG. FRA. ET.
NIB. REGINA. R̷. Entre E et R, armes d'Angleterre : SEV-
TVM. FIDEI. PROTEGET. EAM.

Guinée d'or.


### ROIS DE GRANDE BRETAGNE DE LA FAMILLE STUART

66 **Jacques** (1603-1625). Le roi assis sur son trône sous un dais,
les armes de Westminster à ses pieds : JACOBVS. D. G. MA.
BRI. FR. ET. HIB. REX. R̷. Sous le chiffre XXX et entourés
d'une chaîne de léopards et de fleurs de lis, les armes de la
Grande-Bretagne écartelées par une grande croix : A. DNO.
FACTVM. ESTISTVĐET. EST. MIRABI. IN. IO. NRIS.

Guinée d'or de Westminster.

67 **Charles Ier et la reine Henriette de France** (1625). Profils
du roi et de la reine : CII. MAG. ET HEN. MA. BRIT. REX. ET.
REGINA. R̷. Amour semant des roses et des lis au-dessous
du millésime : FVNDIT. AMOR. LILIA. MIXTA. ROSIS.

Jeton d'argent de l'avénement au trône.

68 **Charles Ier** (1633). Profil : CAROLVS. D. G. SCOTIÆ. ANGLIÆ. FR.
ET. HIB. REX. R̷. IORON. 18. JVNII. 1633 au-dessous d'un
chardon : HINC. NOSTRÆ. CRÆVERE. ROSÆ.

Jeton d'or du couronnement à Édimbourg.

**69 Charles I<sup>er</sup>** (1643). Buste du roi, l'épée à la main, une branche *101*
de laurier dans la gauche, armes du pays de Galles derrière
le buste : CAROLVS. D. G. MAGN. BRIT. FRANC. ET HIB. REX.
R⁊. Entre III, les armes de Galles et le millésime dans un
ruban : EXVRGAT. DEUS. DISSIPENTVR. IHIMICI.

Double guinée d'or frappée à Mesystwith.

### RÉPUBLIQUE ET PROTECTORAT

**70 Piéce communale** (1653). Écu de la République : THE COMMON *28*
WEALTH OF ENGLAND. R⁊. Sous XX écus d'Angleterre et
d'Irlande : GOD WITH VS. 1653.

**71 Ollivier Cromwell** (1656). Profil : OLIVAR D. B. RP. ANG. SCO. *50*
ET. HIB. et PRO. R⁊. Armes de Cromwell au milieu de l'écu
de la République : PAX. QVÆRITVR BELLO. 1656.

Guinée d'or.

**72 Ollivier Cromwell** (1658). Profil : OLIVAR D. B. RP. ANG. *26*
SCO. ET. HIB. et PRO. R⁊. Armes de Cromwell au milieu de
l'écu de la République : PAX. QVÆRITVR. BELLO. 1658.

Shelling d'argent de l'année de la mort du protecteur.

# MONNAIES DES CROISADES

## ROYAUME ARMÉNIEN DE CILICIE

1 **Léon II** (1185-1218). Le roi sur son trône, légende arménienne. R⁄. Croix entre deux lions, légende arménienne.
Demi-gros d'argent de Sis.

2 **Hethoum I⁢ᵉʳ** (1224-1269). Le roi sur son trône, légende arménienne. R⁄. Croix ornée, légende arménienne.
Gros de cuivre de Sis.

3 **Hethoum II** (1289-1293). Le roi sur son trône, légende arménienne. R⁄. Croix et besants, légende arménienne.
Demi-gros de cuivre de Sis.

4 **Sembat** (1295-1298). Le roi à cheval, légende arménienne. R⁄. Croix ornée, légende arménienne.
Demi-gros de cuivre de Sis.

5 **Constantin** (1298-1300). Le roi à cheval. R⁄. Lion portant une croix, légendes illisibles.
Quart de gros de cuivre.

## PRINCIPAUTÉ D'ANTIOCHE

6 **Bohémond I** (1098-1100). Deux bustes de croisés entre des croix. R⁄. Edifice surmonté d'une tour.
Pièce de cuivre inédite d'Antioche.

7 **Tancrède, régent** (1100-1103). Buste de saint Pierre. R⁄. Légende grecque en quatre lignes.
Gros de cuivre d'Antioche.

8 **Tancrède, régent** (1100-1103). Buste de saint Pierre. R⁄. Légende grecque en quatre lignes.
Demi-gros de cuivre d'Antioche.

9 **Tancrède, régent** (1104-1111). Buste du Sauveur. R̂. Le nom *20*
    du régent entre les branches d'une croix.
    Pièce de cuivre d'Antioche.

10 **Tancrède, régent** (1111-1112). Saint Pierre debout, tenant *10*
    une croix. R̂. D. S. F. T. entre les branches d'une croix.
    Pièce de cuivre d'Antioche.

11 **Roger, régent** (1112-1115). Le Sauveur debout, bénissant. *10*
    R̂. DNE. P. illisible : RO. entre les deux branches.
    Pièce de cuivre d'Antioche.

12 **Roger, prince** (1115-1119). Saint Georges à cheval. R̂. Légende *5*
    grecque en quatre lignes.
    Gros de cuivre d'Antioche.

13 **Roger, prince** (1115-1119). Saint Georges à cheval. R̂. Légende *4*
    grecque en quatre lignes.
    Demi-gros de cuivre d'Antioche.

14 **Bohémond II** (1127-1131). Profil. Casque d'un croisé, étoile *20*
    dans le champ : B. V. VN. R̂. Croix pattée croissant au
    deuxième canton : ANTIOCHIA.
    Denier d'argent inédit d'Antioche.

15 **Foulque d'Anjou, régent** (1131-1136). Edifice surmonté *4*
    d'une tour. R̂. ANTIOCHIA en trois lignes.
    Pièce de cuivre d'Antioche.

16 **Bohémond III** (1163 1201). Profil casqué d'un croisé, demi- *20*
    lune et étoile dans le champ : BOAMVNDVS. R̂. Croix pattée,
    croissant au deuxième canton : ANTIOCHIA.
    Denier d'argent d'Antioche.

## COMTÉ DE TRIPOLI

17 **Raymond II** (1163-1171). Tour crénelée : CIVITAS. R̂. Croix *3*
    pommelée à croissants et besants : TRI.
    Pièce de cuivre de Tripoli.

18 **Raymond III** (1187-1200). Croix : RAIMVNDUS. COMS. R̂. Etoile *10*
    à huit rais, entre lesquels des annelets : CIVITAS TRIPOLIS.
    Denier d'argent de Tripoli.

19 **Bohémond VI** (1268-1274). Croix dans un contour d'angles *30*
    d'arcs à besants : BOEMVNDVS. COMES. R̂. Etoile à six rais
    renfermée dans huit arcs à besants : CIVITAS. TRIPOLI.
    Demi-gros d'argent de Tripoli.

20 **Boémond VII** (1274-1287). Croix dans un canton de douze arcs : SEPTIMVS. BOEMVNDVS. COMES. ℞. Edifice à trois tours creusées dans un canton de onze arcs : CIVITAS. TRIPOLIS. SYRIE.

Gros d'argent de Tripoli.


## ROYAUME DE JÉRUSALEM

21 **Baudouin I** (1100-1118). Croisé debout une croix dans la main B. A. A. dans le champ. ℞. Croix ornée, fleuronnée au pied.

Pièce de cuivre attribuée à Edesse par Saulcy.

22 **Baudouin I** (1100-1118). Croisé debout une croix dans la main, B. A. dans le champ. ℞. BAHN autour d'une petite croix.

Pièce de cuivre de Jérusalem.

23 **Conrad III empereur et Louis VII roi de France en Palestine** (1148). Deux figures de croisés debout tenant une croix, et un globe surmonté d'une petite croix. CO. étoile et E. L. ℞. La reproduction effacée de la face.

Pièce de cuivre de Saint-Jean d'Acre.

24 **Amaury I** ( 1162–1173 ). Croix cantonnée de besants aux deuxième et troisième cantons : AMALRICVS. REX. ℞. Castel DE. JERVSALEM.

Denier d'argent de Jérusalem.

25 **Henry de Champagne** (1192-1197). Croix cantonnée de besants. COMES. HENRICUS. ℞. Fleur-de-lys. PYGES. D'ACCON.

Piefort de cuivre inédit de Saint-Jean d'Acre.


## ROYAUME DE CHYPRE

26 **Hugues I** (1211-1218). Le roi debout en dalmatique. LVGO. REX. CYPRI. ℞. Le Christ assis sur son trône.

Pièce d'or scyphate.

27 **Henry I** (1232-1253). Le roi debout en dalmatique. HENRICVS. ℞. Le Christ assis sur son trône.

Pièce scyphate d'or blanc.

28 **Henry I** (1232-1253). Le roi debout en dalmatique. ..... PRI. ℞. Le Christ assis sur son trône.

Pièce d'or.

29 **Henry I** (1232-1253). Croix. HEN...VS. R̸. Portait REX. c.. *3*
PRI.
Sol d'argent.

30 **Henry I** (1232-1253). Croix. HENRICVS. R̸. REX. Au milieu *3*
d'un édifice crénelé.
Pièce de cuivre de Nicosie.

31 **Hugues III** (1259-1284). Croix, besants au deuxième champ : *5 5o*
HVGVE. REI. DE. R̸. Le lion de Chypre : IRL... DE. CHIPR.
Sol d'argent inédit.

32 **Henry II** (1286-1304 et de 1310-1324). Le roi assis sur son
trône : HENRI. REI. DE. R̸. Armes de Jérusalem : JERVSALEM.
DE. CHIPR.
Gros d'argent.

33 **Hugues IV** (1324-1358). Le roi assis sur son trône, B et besant
dans le champ : HVGVS. REI. DE. R̸. Armes de Jérusalem : *3/*
IERVSAL'M. ED. CHIPRE.
Gros d'argent.

34 **Hugues IV** (1324-1358). Le roi assis sur son trône, E et besant
dans le champ : HVGVE. REI. DE. R̸. Armes de Jérusalem :
IERVSAL'M. ED. C. IPR.
Demi-gros d'argent.

35 **Pierre I** (1361-1369). Le roi assis sur son trône, sceptre en *2o*
main : PIERRE. PAR. LA. GRACE. D' DIE. RO. R̸. Armes de Jérusalem : D'IERVSALEM. E. DE CHIPRE.
Gros d'argent.

36 **Pierre II** (1374-1382). Le roi assis sur son trône l'épée à la *11*
main : PIERRE. PAR. LA. GRACE. D. D. RE. R̸. Armes de Jérusalem : D'IERVSALEM. E. D. CHIPRE.
Gros d'argent.

37 **Jacques I** (1393-1398). Le lion de Chypre : IACOBVS dei. gra. *5*
REX. R̸. Armes de Jérusalem : IERVSALem Cipri arm ENIE.
Pièce de cuivre.

58 **Jacques II** (1464-1473). Le lion de Chypre : JAC. dEI. gRA. R.
R̸. Armes de Jérusalem : IRVsalm. e. cipr. *2*
Pièce de cuivre.

39 **Jacques II** (1464-1473). Le lion de Chypre : IACOBUS DEI GRA-
TIA. R̸. Armes de Jérusalem : REX D'IERV.....
Pièce de cuivre.

## EMPIRE LATIN DE CONSTANTINOPLE

40 **Anonyme de Constantinople** ( 1202-1261 ). Le Christ assis sur son trône. ℞ Croix supportée par un croissant.
Pièce de cuivre inédite.

41 **Anonyme de Constantinople** ( 1202-1261). Buste nimbé du Christ. ℞. Croix supportée par un croissant.
Pièce de cuivre.

42 **Anonyme de Constantinople** ( 1202-1261). Buste nimbé du Christ. ℞. Croix latine ornée de globules et de fleurons.
Pièce de cuivre.

43 **Anonyme de Constantinople** (1202-1261). Buste du Christ nimbé et adossé à une croix ornée de perles et de demi-lunes. ℞. Croix ornée de globules et de demi-lunes et supportée par un croissant.
Pièce de cuivre.

## PRINCIPAUTÉ D'ACHAIE

44 **Guillaume de Champlitte** (1205-1209). Face ornée de boucles d'oreille et d'un collier, tirant la langue : C. PRINCEPS ℞ Croix pattée cantonnée de besants : ACHAIE.
Petite pièce de cuivre.

45 **Geoffroy I<sup>er</sup> de Villeharduin** (1226-1246). Croix pattée. C. PRINCEPS. ℞. Châtel : CLAENZIA.
Denier tournois de bas argent de Clarenza.

46 **Guillaume de Villeharduin** (1248-1259 et de 1262-1277). Croix écartelant la monnaie : C. P. ACCAIE. ℞. Edifice crénelé : CORINTVOS.
Petite pièce de cuivre de Corinthe.

47 **Charles I d'Anjou** (1278–1285). Croix pattée : K. R. PRINC. ACII. ℞. Châtel CLARENTIA.
Denier tournois d'argent de Clarenza.

48 **Charles II d'Anjou** (1289-1291). Croix pattée : K. R. PRIN. AC.H. ℞. Châtel DE. CLARENTIA.
Denier tournois d'argent de Clarenza.

49 **Florens de Hainaut** (1292-1297). Croix pattée : FLORENS. P. ACH. ℞. Châtel : DE. GLARENTIA.
Denier tournois d'argent de Clarenza.

50 **Isabelle de Villehardnin** (1297-1301). Groix pattée : ISA-
BELLA. P. ACH. ℞. Châtel : DE. CLARENCIA. I.
Denier tournois d'argent de Clarenza.

51 **Philippe de Savoie** (1301-1303). Croix pattée : PHS. D. SAB. P.
ACHE. ℞. Châtel : D. CLARENCIA.
Denier tournois de billon de Clarenza.

52 **Gui de la Roche Régent** (1304-1308). Croix pattée : GUI. DUX.
Atènes. ℞. Châtel : D. CLARENCIA.
Denier tournois de billon de Clarenza.

53 **Louis de Bourgogne** (1316). Croix pattée : LODOVIC. D. B.
P. ACHE. ℞ Châtel : DE CLARENCIA.
Denier tournois d'argent de Clarenza.

54 **Mahaut de Hainaut** (1316-1317). Croix pattée : MAHAVTA. P.
ACH. ℞. Châtel : DE. CLARENCIA.
Denier tournois d'argent de Clarenza.

55 **Jean de Gravina** (1317-1324). Croix pattée : IONS. P. ACHE.
℞. Châtel : D. CLARENCIA.
Denier tournois de billon de Clarenza.

56 **Philippe de Tarente** (1324-1332). Croix pattée : PHS. P. ACH.
TAR. D. ℞. Châtel : DE CLARENCIA.
Denier tournois d'argent de Clarenza.

57 **Robert de Tarente** (1333-1346). Croix pattée : ROBT. P. A C.
℞. Châtel : DE. CLARENCIA.
Denier tournois de billon de Clarenza.

### DUCHÉ D'ATHÈNES

58 **Guillaume de la Roche** (1276-1285). Croix pattée : G. DVX.
ATENES. ℞. Châtel : TMEBE. CIVIS. I.
Denier tournois d'argent de Thèbes.

59 **Gui II de la Roche** (1285-1308). Croix pattée : GVI. DVX.
ATENES. ℞. Châtel : THEBANI. CIVIS.
Denier tournois d'agent de Thèbes.

### DESPOTIE D'ÉTOTIE

60 **Philippe de Tarente** (1310-1318). Croix pattée : PHS. P. TAR.
DESP. ℞. Châtel : NEPANTI. CIVIS.
Denier tournois de billon de Lépaule.

**61 Aimon de Savoie** (1330). Croix pattée : ANGELV. SAB. C. R⁋. Châtel : BELLAPATRA.

Denier tournois d'argent de Patras.

## SEIGNEURIE DE CORFOU

**62 Jean de Gravina** (1333-1355). Croix pattée cantonnée de besants : IOHS. DESPOTES. R⁋. Châtel : D. ARTA. CARPHI.

Denier tournois de billon d'Arta inédit.

## SEIGNEURIE DE MÉTELINE

**63 Jacques Gatelusio**. Un Y entre deux roses : ac OBVS. CATEL usius. R⁋. Aux armes des Paléologues : DOM. Le reste : Inus Metelini illisible.

Sol de cuivre de Mételine.

## SEIGNEURIE DE CHIO

**64 François Giustiniani**. Entre F et J un châtel surmonté d'un aigle : CIVITAS. CHII. R⁋. Croix : CONRADYS. REX. R.

Mahone de cuivre de Chio.

## ORDRE DE SAINT-JEAN DE JÉRUSALEM A RHODES

**65 Anonyme de l'ordre, à Rhodes** (1309-1319). Croix de l'ordre, besant : MAGIS. Le reste illisible. R⁋. Châtel : CONVENTI. Le reste illisible.

Petite pièce de cuivre de Rhodes.

**66 Anonyme de l'ordre, à Rhodes** (1309-1319). Croix de l'ordre, besant ; légende illisible. R⁋. Châtel ; légende illisible.

Petite pièce de cuivre de Rhodes.

**67 Elion de Villeneuve** (1319-1334). Croix : MAGR. HOSPITAL. R⁋. Châtel génois : CIVIS. RODI.

Denier de billon de Rhodes.

**68 Elion de Villeneuve** (1334-1346). Le grand maître à genoux devant la croix patriarcale : FR. ELION. D. VILENUVE. DI. GRA. MR. R⁋. Croix ornée et fleuronnée : OSPITAL. S. IOHIS. IRLHI. O. T. RODI.

Aspre d'argent de Rhodes.

69 **Pierre Corneillan** (1354-1355). Le grand maître recevant un
étendard des mains d'un saint; entre les deux figures : M. G.
H. Du côté du grand maître : F. PER. CO. Du côté du saint :
S. MICHAEL.

Matapan d'argent inédit de Rhodes.

*52*

70 **Roger de Pins** (1355-1366). Le grand maître à genoux devant
la croix patriarcale : F. ROGIERIVS. D. PINIBVS. DI. GRA. M.
R⁄. Croix ornée et fleuronnée : OSPITALIS. IOHIS. IRLNI. O. T.
RODI.

Aspre d'argent de Rhodes.

*30*

71 **Jean de Lastic** (1437-1454). Le grand maître à genoux devant la croix patriarcale ; écu à ses armes dans le champ : F.
IOHS. LESTIC. MAGIS. R⁄. Buste de saint Jean tenant l'Agneau
pascal et une croix : OS pit ALIS. S. IOHS. IRLMI. O. RO.

Demi-aspre d'argent de Rhodes.

*40*

72 **Pierre d'Aubusson** (1476-1487). Le grand maître à genoux
recevant une bannière des mains de saint Jean-Baptiste ;
entre les deux figures : M. P. Derrière le grand maître : F. PE.
D'AVBVSSON. Au-dessus du saint, une étoile ; derrière le saint :
S. IOHANNI. R⁄. Le Christ bénissant de la main droite, tenant
l'Evangile dans la gauche, entouré de neuf étoiles : SIT. T.
XPE. DATVR. REGIS. ISTE. DVC.

Secchin d'or de Rhodes.

*105*

73 **Pierre d'Aubusson** (1476-1487). Armes du grand maître : F.
PE. D'AVBVSSON. M. OSPIT. R⁄. Saint Jean-Baptiste debout :
S. IOH. Le reste illisible : VS.

Denier d'argent de Rhodes.

*13*

74 **Amaury d'Amboise** (1503-1512). Armes du grand maître
écartelées avec celles de l'ordre : F. EMERICVS. D'AMBOISE.
MAGN. MAGIS. R⁄. L'Agneau pascal et la croix à la bannière
de l'ordre : AGN. DEI. QVI. TOS. PECCA. MVN. MISE. NO.

Besant d'argent de Rhodes.

*40*

75 **Fabrice Carretto** (1513-1521). Le grand maître à genoux recevant une bannière des mains de saint Jean-Baptiste; entre
les deux figures : M. F. X. Derrière le grand maître : F. FA-
BRICII. D. CR. Derrière le saint : S. IOHANNI. R⁄. Le Christ bénissant et tenant l'Evangile, entouré de neuf étoiles : SIT. T.
XPC. DAT. O. T. REGIS. ISTE. DV.

Secchin d'or de Rhodes.

*151*

76 **Philippe Viliers de l'île Adam** (1521-1522). Le grand maître à genoux recevant une bannière des mains de saint Jean-Baptiste ; entre les deux figures : M. P. X. Derrière le grand maître : F. PHILIPPVS. Derrière le saint : S. IOHANN. ℟. Le Christ bénissant et tenant l'Evangile, entouré de neuf étoiles : SIT. T. XPG. DAT. O. T. REGIS. ISTE. DV.

Secchin d'or de Rhodes.

# MONNAIES DES EMPEREURS D'OCCIDENT

## COMME ROIS D'ITALIE

La série commence à Charlemagne, qui fonde en 774 le royaume d'Italie.
Après la mort de Conrad IV, en 1254, il n'y a plus que Henry de Luxembourg,
son fils Jean de Bohême et Louis de Bavière qui cherchent à frapper
monnaie en Italie. Aussi la série finit-elle en 1347, à la mort de ce dernier.
Maximilien d'Autriche fait un dernier essai dans la guerre de Cambrai,
représenté par sa monnaie véronaise.

---

### CARLOVINGIENS

1 **Charlemagne** (774-780). En deux lignes : CAROLVS. ℞. REX. *20*
F. en monogramme.

Denier d'argent trouvé dans les travaux du chemin de fer du Tessin à
Novare, près du pont de Magenta.

2 **Charlemagne** (780-800). Croix : CAROLVS. REX. FR. ℞. Mono- *20*
gramme de Charlemagne : PAPIA.

Denier d'argent de Pavie.

3 **Charlemagne** (780-800). Croix : CAROLVS. REX. FR. ℞. Mono- *68*
gramme de Charlemagne : TARVIS.

Denier d'argent de Trévise.

4 **Charlemagne** (780-800). Croix : CAROLVS. REX. FR. ℞. Mono- *80*
gramme de Charlemagne : LVCA.

Denier d'argent de Lucques.

5 **Charlemagne** (780-800). Croix : CAROLVS. REX. FR. ℞. Mono- *26*
gramme de Charlemagne : MEDIOL.

Denier d'argent de Milan.

6 **Charlemagne** (800-814). Profil lauré de l'empereur : D. N. *99*
KAROLVS. IMP. AVG. REX. F. ET. L. ℞. Croix au milieu d'un
temple : XPICTIANA. RELIGIO.

Denier d'argent de Pavie.

7 **Louis le Débonnaire** (818-833). Croix : HLVDVVOICVS. IMP. ℞. *12*
PAPIA. En une ligne.

Denier d'argent de Pavie.

8 **Louis le Débonnaire** (818-833). Croix : HLVDOVVICVS. IM. ℞. VENECIAS. en deux lignes.
Denier d'argent de Venise.

9 **Louis le Débonnaire** (818-833). Croix : HLVDOVVICVS. IM. ℞. MEDIOLANVM. en deux lignes.
Denier d'argent de Milan.

10 **Louis le Débonnaire** et le pape **Grégoire IV** (827-833). PIVS. en monogramme : P. P. LVDOVVICVS. IMP. ℞. Le nom du pape en monogramme : SCS. PETVS.
Denier d'argent de Rome.

11 **Lothaire** (843-849). Croix : HLOTHARIVS. IMP. AV. ℞. PAPIA. en une ligne.
Denier d'argent de Pavie.

12 **Lothaire** (843-849). Croix : HLOTHARIVS IMP. ℞. MEDIOL. en une ligne.
Denier d'argent de Milan.

13 **Lothaire** (843-849). Croix : HLOTHARIVS. IMP. AV. ℞. TARVISIO. en une ligne.
Denier d'argent *inédit* de Trévise.

14 **Lothaire** et le pape **Léon IV** (847-849). Le titre impérial en monogramme : HLOTHARIVS. ℞. Monogramme du pape : SCS PETRVS.
Denier d'argent de Rome.

15 **Louis II le Jeune** (849-875). Croix cantonnée de besants : HLVDOVVICVS. IMP. ℞. Temple : XPISTIANA. PILIGIO.
Grand denier d'argent de Pavie.

16 **Louis II le Jeune** et le pape **Nicolas** (858-867). ROMA. en monogramme : LVDOVVICVS. IMP. ℞. Monogramme du pape : SCS. PETRVS.
Denier d'argent de Rome.

17 **Louis II le Jeune** et le pape **Adrien II** (867-872). ROMA. en monogramme : LVDOVVICVS. IMP. ℞. Monogramme du pape : SCS. PETRVS.
Denier d'argent de Rome.

18 **Charles II le Chauve** et le pape **Jean VIII** (875-877). Monogramme du pape : KAROLVS. IMP. ℞. Buste de saint Pierre : SCS. PETRVS.
Denier d'argent de Rome.

19 **Carloman** (de Bavière) (877-880). Croix cantonnée de besants : CARLOMAN. REX. ℞. Temple carlovingien, croix au-dessous : XPISTIANA. PIIIGIO.
Grand denier d'argent de Pavie.

*37*

20 **Charles III le Gros** (880-887). Croix cantonnée de besans : HCAROLVS. IMPER. ℞. Temple carlovingien : XPISTIANA. PIIIGIO.
Grand denier d'argent de Pavie.

*29*

21 **Charles III le Gros** et le pape **Etienne V** (885-887). ROMA. en monogramme : CAROLVS. IMP. ℞. Monogramme du pape : SCS. PETRVS.
Denier d'argent de Rome.

*23*

22 **Béranger** (888-889). Croix cantonnée de besants : BERENCARIVS. REX. ℞. Temple : XPISTIANA. PIIIGIO.
Grand denier d'argent de Pavie.

*22*

23 **Gui de Spolette** (891-895). Croix cantonnée de besants : VVIDO. IMPERATOR. ℞. Temple : XPISTIANA. PIIIGIO.
Grand denier d'argent de Pavie.

*37*

24 **Gui de Spolette** et le pape **Formose** (891-895). ROMA. en deux lignes : VVIDO. IMP. ℞. FORMOS en trois lignes : SCS. PETRVS.
Denier d'argent de Rome.

*57*

25 **Gui de Spolette** et le pape **Formose** (891-895). ROMA. en monogramme : VVIDO. IMP. ℞. Entre S. et P. buste de saint Pierre : FORMOS. I. P.
Denier d'argent de Rome.

*41*

26 **Arnoul** et le pape **Etienne VI** (895). ROMA. en monogramme : ARNOLFVS. IMP. ℞. Monogramme du pape : SCS. PETRVS.
Denier d'argent de Rome.

*23*

27 **Lambert** et le pape **Etienne VI** (895). ROMA. en monogramme : LAMVVERTO. IMP. ℞. Monogramme du pape : SCS. PETRVS.
Denier d'argent de Rome.

*20*

28 **Béranger** (896). Croix cantonnée de besants : BERENCARIVS. REX. ℞. Temple carlovingien : XPISTIANA. PIIIGIO.
Denier d'argent de Pavie.

*27*

29 **Lambert** (896-900). Croix cantonnée de besants : LAMBERTVS. IMPE. ℞. Temple carloviugien : XPISTIANA. PIIIGIO.
Denier d'argent de Pavie.

*29*

30 **Lambert** et le pape **Romain** (897). ROMA. en monogramme : LAMVVERTO. IMP. ℞. Monogramme du pape : SCS. PETRVS.
Denier d'argent de Rome.

*33*

*34*

31 **Lambert** et le pape **Théodore II** (898). ROMA. en monogramme : LAMVVERTO. IMP. ℞. Monogramme du pape : SCS. PETRVS.
Denier d'argent de Rome.

*21*

32 **Lambert** et le pape **Jean IX** (898). Monogramme du pape : LANTVVERT. IMP. ℞. Buste de saint Pierre : SCS. PETRVS.
Denier d'argent de Rome.

*15*

33 **Béranger** (900-904). Croix cantonnée de besants : BERENCARIVS. R. ℞. Temple carlovingien : XPISTIANA. PIIIGIO.
Denier d'argent de Pavie.

*15*

34 **Louis III l'Aveugle** (904-913). Croix cantonnée de besants : HLVDOVVICVS. IMP. ℞. Temple carlovingien : XPISTIANA. PIIIGIO.
Denier d'argent de Pavie.

*30*

35 **Béranger** (910-916). Chrisme : BERENCARIVS. REX. ℞. MEDIOLA. en deux lignes, entre lesquelles C : XPISTIANA. PIIIGIO.
Denier d'argent de Milan.

*15*

36 **Béranger** (916-924). Chrisme : BERENCARIVS. IMP. ℞. MEDIOLA. en deux lignes, entre lesquelles C : XPISTIANA. PIIIGIO.
Denier d'argent de Milan.

*60*

37 **Béranger** (916-924). Chrisme cantonné de besants : BERENCA. RIVS. IMP. ℞. PAPIA. en trois lignes : XPISTIANA. RELI.
Denier d'argent de Pavie.

*100*

38 **Rodolphe de Bourgogne** (924-930). Chrisme cantonné de besants : RODVLFVS. RX. ℞. PAPIA. en deux lignes : XPISTIANA. RE.
Denier d'argent de Pavie.

*45*

39 **Rodolphe de Bourgogne** (924-930). Chrisme : RODVLFO. PIVS. REX. ℞. MEDIOLA. en deux lignes, un C au-dessous : XPISTIANA. PIIG.
Denier d'argent de Milan.

*50*

40 **Rodolphe de Bourgogne** (924-930). Chrisme : RODVLFO. PIVS. RE. ℞. MEDIOLA. en deux lignes : XPISTIANA. PIIG.
Denier d'argent de Milan.

*50*

41 **Hugues de Provence** (930). Croix cantonnée de besants : VGVS. PIVS. REX. ℞. Temple carlovingien : XPISTIANA. REIO.
Denier d'argent de Pavie.

*40*

42 **Hugues** et **Lothaire II** (931-940). Monogramme réuni des deux princes : VGO. LOHTARIV. ℞. PAPIA. en deux lignes : XPISTIANA. RE.
Denier d'argent de Pavie.

43 **Lothaire II** (940-945). Monogramme du prince : HLOHTARIV. *40*
RE. ℞. PAPIA. en deux lignes : XPISTIANA. RE.
Denier d'argent de Pavie.

44 **Béranger II** (945-947). Croix cantonnée de besants : BEREN- *2c*
GERIVS. RE. ℞. Temple carlovingien : XPISTIANA. REIIIO.
Denier d'argent de Pavie.

## EMPEREURS ET ROIS DES FAMILLES DE SAXE OU ASCANIE ET FRANCONIE OU SALIQUE

45 **Oton le Grand** (947-967). Croix cantonnée de besants : OTO.
IMPERATOR. ℞. Temple carlovingien : PITVIVIHV.
Denier d'argent de Pavie.

46 **Oton le Grand** (947-967). OTTO en croix : IMPERATOR. ℞. AVG.
MEDIOLANIV. en quatre lignes.
Denier d'argent de Milan.

47 **Oton le Grand** et **Oton II** corégent pour le royaume d'Italie
(967-973). OTTO. en croix : INPERATOR. ℞. PAPIA. en deux
lignes : OTTO. PIVS. REX.
Otolin d'argent de Pavie.

48 **Oton le Grand** et **Oton II** (967-973). OTTO en monogramme *14*
cruciforme (les T réunis par un trait, les O placés en haut et
en bas, titre qui reste depuis pour les monnaies de Lucques).
INPERATOR. ℞. LVCA. en deux lignes : OTTO. PIUS. REX.
Otolin d'argent de Lucques.

49 **Oton II** (973-983). OTTO en croix : INPERATOR. ℞. PAPIA en
deux lignes : AVGVSTVS.
Otolin d'argent de Pavie.

50 **Oton II** (973-983). OTTO en croix : INPERATOR. ℞. PAPIA. en
trois lignes : INCLIA. CIVIA.
Otolin d'argent de Pavie.

51 **Oton III** (983-1002). OTTO en croix; N. TERCIVS CE. ℞. PAPIA.
en trois lignes : INPERATOR.
Otolin d'argent de Pavie.

52 **Ardouin marquis d'Ivrée** (1002-1014). ARDO. en croix : *3 50*
VINVS. REGEM. : ℞. PAPIA. en trois lignes : INPERATORI.

Otolin inédit de Pavie, trouvé à Rome; il n'y en a de connus que trois
autres exemplaires, deux au cabinet de Turin publiés par Jules de San
Quintino, et un troisième au musée britannique provenant de la collection du chevalier Kolb, auquel on doit la découverte de cette pièce des
plus rares.

53 **Henry le Saint** (II comme empereur) (1014-1024). Croix cantonnée de besants : HINRICVS. IMP. ℞. PAPIA. en une ligne traversée d'une longue croix.
Sol d'argent de Pavie inédit.

54 **Henry le Saint** (1014-1024). Petite croix : HIN. INPERATOR. ℞. Petite croix : VERONA. écrit à rebours.
Sol d'argent de Vérone inédit.

55 **Henry le Saint** (1014-1024). Croix cantonnée de besants : ENRICVS. INPE. ℞. VEVECI. dans le temple carlovingien; A. au-d ssous; exerge illisible : OIIVIIO.
Denier de billon scyphate de Venise.

56 **Henry le Saint** (1014-1024). HINRC. en croix : INPERAOR. ℞. Petite croix : MEDIOLANI.
Denier d'argent de Milan.

57 **Henry le Saint** (1014-1024). LVCA. en croix : ENRICVS. ℞. Monogramme des Otons : INPERATOR.
Otolin d'argent de Lucques.

58 **Conrad le Salique** ( II comme empereur) et **Piligrim**, archevêque de Cologne (1024-1036). PILIGRIM entre les branches d'une croix : CHVNRADVS. IMP. ℞. Temple carlovingien : SANCTA. COLONIA.
Denier d'argent de Cologne.

59 **Conrad le Salique** (1026-1039). CHONRD. en croix : AUGUSTVS. ℞. PAPIA. en trois lignes : INPERATOR.
Otolin d'argent de Pavie.

60 **Conrad le Salique** (1026-1039). Croix : CON. INPERATO. ℞. Petite croix : VERONA écrit à rebours.
Sol d'argent de Vérone.

61 **Conrad le Salique** (1026-1039). LVCA. en croix : CHVNRAPVS. ℞. Monogramme des Otons : INPERATOR.
Otolin d'argent de Lucques.

62 **Henry II le Noir** (III comme empereur) (1039-1056). Croix : HENRICVS. ℞. S au centre : LVODVNVS.
Denier d'argent de Lyon.

63 **Henry II le Noir** (1046-1056). HINRIC. en croix : AVGVSTVS. CE. ℞. PAPIA. eu trois lignes : INPERATOR.
Otolin d'argent de Pavie.

64 **Henry III** (IV comme empereur) (1056-1106). HINRIC. en croix : INPERATOR. ℞. Petite croix : MIDIOLANI.
Denier d'argent de Milan.

65 **Henry III** (1056-1106). Croix cantonnée de besants : HENRICVS. IMPERA. ℞. Buste de saint Marc : S. MARCVS. VENECIA.
Denier d'argent de Venise.

66 **Henry IV** (V comme empereur) (1106-1125). Profil couronné HINRIC. REX. ℞. Croix pattée entre les branches ; trois points ; triangle et annelet : AVGVSTA. CIV.
Denier d'argent d'Augsbourg.

67 **Henri IV** (1106-1125). HENRIC. en trois lignes : INPERATOR. ℞. Petite croix : MEDIOLANI.
Denier d'argent de Milan.

## EMPEREURS ET ROIS DE LA FAMILLE DE SOUABE OU HOHENSTAUFFEN.

68 **Conrad II** (III comme empereur) (1137-1152). CONRAI. en trois lignes : REGIS. SECVNDI. ℞. en légende : DE PLACEN. CIA. au centre.
Gros d'argent de Plaisance.

69 **Conrad II** (1137-1152). CONRADI. en trois lignes : KEBIS SE-CUNDI. ℞. En légende : DE PLACEN. CIA. au centre.
Denier d'argent de Plaisance.

70 **Conrad II** (1137-1152). REX. en triangle : CVNRADVS II. ℞. Croix ! ASTENSI.
Gros d'argent d'Asti.

71 **Conrad II** (1137-1152). REX. en triangle : CONRADVS II. ℞. Croix : ASTENSIS.
Denier d'argent d'Asti.

72 **Frédéric Barberousse** (1155-1190). FERC. IN. en trois lignes : AVGVSTVS. CE. ℞. PAPIA. en trois lignes : INPERATOR.
Gros d'argent de Pavie.

73 **Frédéric Barberousse** (1155-1159). I. P. R. T. en croix : FRE-DERICVS. ℞. MEDIOLANVM. en trois lignes.
Denier d'argent de Milan.

74 **Frédéric Barberousse** (1155-1190). I. P. R. T. en triangle : FREDERICVS. ℞. Croix, étoiles aux premier et second champs : CREMONA.
Denier d'argent de Crémone.

75 **Frédéric Barberousse** (155-1190). I. R. au centre : FRIDRIC. ℞. Portail : PARMA.
Denier d'argent de Parme.

**76 Frédéric Barberousse** (1155-1190). Feutre, quatre étoiles : IMPERATOR. ℞. La Vierge et l'Enfant Jésus : S. MARIA. D. PISIS.

Denier d'argent de Pise.

**77 Frédéric Barberousse** (1159-1162). I. P. R. T. en croix : FREDERICVS. ℞. MEDIOLANVM. en trois lignes.

Denier d'argent de Milan, dont le poids, moindre que ceux d'avant 1159 (le nᵒ 73), est une des raisons du soulèvement des Milanais contre l'Empereur.

**78 Frédéric Barberousse** (1163-1168). I. P. R. T. en croix : S. VICTORIA. ℞. FED. ROMARVM. entre trois lignes.

Denier d'argent inédit de Noceto. Ordonnance de Frédéric Barberousse de 1162, pour frapper dans ce bourg des deniers d'argent après la destruction de Milan.

**79 Frédéric Barberousse** (1177-1190). I. P. R. T. en croix : FREDERICVS. ℞. MEDIOLANVM. en trois lignes.

Denier d'argent de Milan.

**80 Frédéric Barberousse.** (1183-1190). I. P. R. en triangle frederICVS. ℞. Croix : CVMIS.

Sol de billon de Como.

**81 Frédéric Barberousse** (1183-1190). I. P. R. en triangle : FREDERICVS. ℞. CVMANVS.

Sol d'argent de Como.

**82 Frédéric Barberousse** (1185-1190). I. P. R. T. en croix : FREDERICVS. ℞. En légende : GRAVED. ONA. en triangle, au centre.

Sol d'argent inédit de Gravedona.

**83 Frédéric Barberousse** (1183-1190). I. P. R. en triangle : FREDERICVS. ℞. Croix : BRISIA.

Sol de billon de Brescia.

**84 Frédéric Barberousse** (1183-1190). F. R. D. C. en croix : INPERATOR. ℞. Croix pattée : FERRARIA.

Sol de billon de Ferrare.

**85 Frédéric Barberousse** (1183-1190). F. R. et deux étoiles au-dessus : IMPERATOR. ℞. Croix pattée, étoiles dans les premier et second champs : TERDONA.

Gros d'argent de Tortone.

**86 Frédéric Barberousse** (1183-1190). F. R. dans le champ : IMPERATOR. ℞. Croix pattée ; annelets. Aux premier et second champs : TERDONA.

Denier d'argent de Tortone.

87 **Frédéric Barberousse** (1185-1190). I. P. R. T. en croix : FE-
DERIC. R⁀. En légende : D. MVTIN. A au centre.
Gros d'argent de Modène.

88 **Henry V** (VI comme empereur; 1191-1197). I. P. R. T. en
croix : ENRICVS. R⁀. En légende : BONONI. A au centre.
Gros d'argent de Bologne.

89 **Henry V** (VI comme empereur, I⁀ comme roi de Sicile et duc
de Pouille) (1194-1197). Aigle, légende arabe. R⁀. Croix entre
IC. XC. NIKA.
Tari d'or d'Amalfi.

90 **Henry V et la reine Constance** (1194-1197). Croix pattée,
étoiles aux second et troisième champs : IE. IMPERATOR.
R⁀. A. P. au centre : C. IMPERATRIX.
Denier d'argent de Pouille.

91 **Henry V et la reine Constance** (1194-1197). Croix pattée :
E. IMPERATOR. R⁀. Aigle : C. IMPERATRIX.
Denier d'argent de Sicile.

92 **Philippe** (1198-1201). REX. en triangle : FILIPVS. R⁀. Portail :
PARMA.
Sol d'argent de Parme.

93 **Oton IV de Brunswick** (1201-1209). REX. en triangle : OTTVS.
R⁀. Portail : PARMA.
Sol d'argent de Parme.

94 **Frédéric II** (I⁀ comme roi de Sicile et de Jérusalem) (1220-
1251). Croix pattée, étoiles aux premier et second champs ;
besants aux troisième et quatrième : IMPERATOR. F, R⁀. T entre trois besants : EPS. TRIDEN.
Gros d'argent de Trente.

95 **Frédéric II et F. de Wangen, évêque de Trente** (1220-
1251). Croix : F. IMPERATOR. R⁀. Profil de l'évêque bénissant :
EPS. TRIDENTI.
Gros d'argent de Trente.

96 **Frédéric II** (1220-1251). F. D. G. en triangle : IMPERATOR.
R⁀. M. au centre : DE. MVTINA.
Gros d'argent de Modène.

97 **Frédéric II** (1220-1251). Croix pattée allongée : FRE. INPE.
R⁀. Croix pattée allongée : BRISIA.
Gros d'argent de Brescia.

**98 Frédéric II** (1220-1251). Aigle : FREDERICVS. IP. ℞. Grande croix écartelant la monnaie, croix pattée croisant la grande : YPOREGIA.

Denier d'argent d'Ivrée.

**99 Frédéric II** (1220-1251). Aigle sur un chapiteau : FR. IMP. TOR. ℞. La sainte Vierge et l'Enfant Jésus : PISE.

Gros d'argent de Pise.

**100 Frédéric II** (1220-1251). Aigle sur un chapiteau : FEDERIC. IMPERATOR. ℞. La sainte Vierge et l'Enfant Jésus : P. TEGE. VIRGO. PIS.

Denier d'argent de Pise.

**101 Frédéric II** (1220-1251). F. au centre : IMPERATOR. ℞. La sainte Vierge et l'Enfant Jésus : S. MAR. D. PISIS.

Denier d'argent de Pise.

**102 Frédéric II** (1220-1251). Aigle : F. IMPERATOR. ℞. P. Légende illisible.

Pièce de cuivre de Pise.

**103 Frédéric II** (1231-1251). Profil couronné de lauriers en dalmatique : CESAR. AVG. IMP. ROM. ℞. Aigle : FRIDERICVS.

Augustale d'or de Brindisi ou de Messine.

**104 Frédéric II** (1231-1251). Profil en dalmatique, couronné de lauriers : CESAR. AVG. IMP. ROM. ℞. Aigle : FRIDERICVS.

Demi-Augustale d'or de Brindisi ou de Messine.

**105 Frédéric II** (1231-1251). Profil couronné : FRIDERICVS. II. ℞. Croix pattée croisée avec une croix formée par des trèfles dont les branches se réunissent au centre : ROM. IMPR. AVG.

Denier d'argent de Pavie ou de Rome.

**106 Frédéric II** (1231-1251). Profil couronné ; sceptre et fleurs de lis en main : FREDERICVS. IMPERAT. ℞. Aigle : CIVITAS. CVMANA.

Denier d'argent de Como.

**107 Frédéric II** (1231-1251). Profil couronné ; sceptre et fleurs en main ; étoile dans le champ : FREDERICVS. IMPERT. ℞. Aigle : CVMANVS.

Denier d'argent de Como.

**108 Frédéric II** (1231-1251). Profil : FREDERICVS. IMPRT. ℞. P. G. A. MVM. des deux côtés d'une ville sur une montagne.

Gros d'argent de Bergame.

109 **Frédéric II** (1231-1251). Profil : FREDERICVS. IMPER. R℣. P. GA. MVM. des deux côtés d'une ville sur une montagne.
Gros d'argent de Bergame.

110 **Frédéric II** (1231-1251). Profil : FREDERI. CVS. en deux lignes : IMPR. T. R℣. P. GAMVM. des deux côtés d'une ville sur une montagne.
Denier d'argent de Bergame.

111 **Frédéric II** (1231-1251). Profil dans un contour : IMP. FREDERICVS. R℣. P. GAMVM. des deux côtés d'une ville sur une montagne.
Denier d'argent de Bergame.

112 **Frédéric II** (1231-1251). Profil dans un contour : IMP. FED. RICVS. R℣. P. GAMVM. des deux côtés d'une montagne.
Obole de billon de Bergame.

113 **Frédéric II** (1231-1251). Profil dans un contour : imp. freDERICVS. R℣. Châtel dans un contour : PERGAMVM.
Sol d'argent inédit de Bergame.

114 **Frédéric II** (1231-1251). Profil dans un contour : IMP. ATOR. R℣. Châtel dans un contour : P. GAMVM.
Sol d'argent inédit de Bergame.

115 **Frédéric II** (1239-1251). F. R. dans un contour : ROM. IMP. SEP. AVG. R℣. Croix pattée : R. IERSL. ET. SICIL.
Denier de billon de Messine.

116 **Frédéric II** (1239-1251). I. P. R. dans un contour : F. ROMANORVM. R℣. Croix pattée cantonnée de demi-lunes : IERSM. ET. SICIL. R.
Denier de billon de Messine.

117 **Conrad III** (IV comme empereur, Ier comme roi de Sicile, II comme roi titulaire de Jérusalem) (1251-1252). Croix pattée : CONRADVS. R℣. R. dans le champ : IERLM. E. SICIL.
Denier de cuivre de Messine.

118 **Conrad III** (1251-1252). C. O. R. en triangle : IERVSALEM. R℣. Croix pattée : ET. SICILIE. REX.
Denier de cuivre de Messine.

## EMPEREURS ET ROIS DES FAMILLES DE LUXEMBOURG DE BAVIÈRE OU WITTELSBADE ET DE HABSBOURG

119 **Henry VI de Luxembourg** (VII comme empereur) (1311). Aigle : HENRICVS. REX. ℞. Croix pattée croisée avec une croix à trèfles au bout des branches : SEMPER. AVGVSTVS.
Gros d'argent de Pavie.

120 **Henry VI** (1311). Grande croix, trèfles entre les branches : HENRICVS REX. ℞. Saint Ambroise assis : MEDIOLANVM.
Livre d'argent de Milan.

121 **Henry VI** (1312-1313). Saint Gervais et S. Protasio debout; entre eux : HNRIC. IPAT. Derrière les saints, leurs noms : S. GERVASI et S. PROTASI. ℞. Saint Ambroise assis : S. AMBROISI. MEDIOLANVM.
Livre d'argent de Milan.

122 **Henry VI** (1312-1313). Saint Gervais et saint Protasio debout; derrière eux : S. GERVASI et S. PROTASI. Entre eux : HENRIC. IPAL. ℞. Saint Ambroise assis : S. AMBROSIVS. MEDIOLANVM.
Gros d'argent de Milan.

123 **Henry VI** (1312-1313). Saint Gervais et saint Protasio debout; derrière eux : S. GERVAIS et S. PROTASI. Entre eux : HNRIC. IPRT. ℞. Saint Ambroise assis : S. AMBROSI. MEDIOLANVM.
Gros d'argent de Milan.

124 **Henry VI** (1312-1313. Aigle : HENRICVS. IMP. ℞. Croix pattée : CVMANVS.
Sol d'argent de Como.

125 **Henry VI** (1310-1313). Buste de l'empereur, sceptre et globe en mains : OTTO. REX. ℞. LVCA. En croix : IMPERIALIS.
Sol de cuivre de Lucques.

126 **Henry VI** (1310-1313). Aigle sur un chapiteau entouré de roses. ℞. P. entouré de roses entre deux contours.
Tessere de cuivre de Pise.

127 **Louis IV de Bavière** (Vᵉ comme empereur; 1314-1327). Buste de face, couronné : LVDOVICVS ROM. REX. ℞. Grande croix écartelant la monnaie; aigle au second canton; des besants aux premier, troisième et quatrième : MONETA. AQVENSIS.
Denier d'argent d'Aix-la-Chapelle.

128 **Louis IV** (1327). Saint Gervais et saint Protasio debout; derrière eux : S. GERVASI et S. PROTASI. Entre eux : LUDOVIC. REX. ℞. S. Ambroise assis : S. AMBROSI. MEDIOLANVM.
Gros d'argent de Milan.

129 **Louis IV**. (1328-1347). Saint Gervais et saint Protasio debout; derrière eux : S. GERVASI et S. PROTASI. Eutre eux : LVDOVIC. IPT. ℞. S. Ambroise assis : S. AMBROSIVS. MEDIOLANVM.
Gros d'argent de Milan.

130 **Louis IV et Franchino Rusca**, seigneur de Como (1328-1335). Aigle : LVDOVIC. IMPERATOR. ℞. Saint Abondio assis entre F. et R. S. ABONDIVS. CVMIS.
Gros d'argent de Como.

131 **Louis IV et Castruccio Castracani**, seigneur de Lucques (1327-1347). Chiffre de l'empereur : LVCA. IMPERIALIS. ℞. Aigle : OTTO. REX.
Sol de cuivre de Lucques.

132 **Louis IV** (1328-1347). L'empereur sur son trône sous un dais, l'épée dans la droite, la gauche appuyée sur un écu aux armes de l'empire : LVDOVICVS. DEI. GRA. ROMANORVM. IMP.
Pavillon d'or de Rome où d'Aix-la-Chapelle.

133 **Jean de Luxembourg, roi de Bohême** (1331-1332). Buste du roi, en trois quarts : IOANNES. ℞. Lion rempart : BOHE-MIE. REX.
Denier d'argent de Crémone.

134 **Jean de Bohême** (1331-1333). Couronne fleurdelisée : IOHAN-NES. ℞. Croix : PARMA.
Sol de billon de Parme.

135 **Maximilien d'Autriche** (1517). Buste couronné : MAXIMI-LIANVS. CAESAR. ℞. Saint Zénon debout, bénissant de la droite, dans la gauche la crosse et une ligne avec un poisson au bout : S. ZENO. PROTEC. VERONÆ.
Livre d'argent de Vérone.

# MONNAIES ITALIENNES



1 **Gisulf II** (746-763). Buste du duc de face : DV. INVPP. ℞. Croix haussée sur quatre degrés des deux côtés de la croix; G. et D. au-dessous : C. O. N. O. B.; VICTRV. VGVSTV.
Sol d'or de Bénévent.

2 **Liutpraud** (763-771). Buste du duc de face : DN. VNVPP. ℞. Croix haussée sur quatre degrés ; L. à côté de la croix; P. O. N. O. B. au dessous : VITORV. AGVSTI.
Sol d'or de Bénévent.

3 **Arichis** (771-774). Buste du duc de face : DNS. VICTORIA. ℞. Croix haussée sur un degré; A. à côté de la croix; C. O. N. O. B. au-dessous : VITORV. AGVSTI.
Tiers de sol d'or de Bénévent.

4 **Arichis** (774-787). Buste du prince de face : DNS. VICTORIA. ℞. Croix haussée sur un degré; A. à côté de la croix; C. O. N. O. B. au-dessous : VITIRV. PRIN. PI.
Tiers de sol d'or de Bénévent.

5 **Arichis** (787). Buste du duc de face : DNS. VICTORIA. ℞. Croix haussée sur un degré; A. à côté de la croix, C. O. N. O. B. au-dessous : VITIRV. AGVSTI.
Tiers de sol d'or de Bénévent.

6 **Grimoald** et **Charlemagne** (787-790). Buste du duc de face : GRIMVALD. ℞. Croix haussée sur quatre degrés; G. R. des deux côtés de la croix ; C. O. N. O. B. au-dessous : DOMS. CAR. RX.
Sol d'or de Bénévent.

7 **Grimoald** et **Charlemagne** (787-790). Buste du duc de face : GRIMVALD. ℞. Croix haussée sur un degré; G. et R. des deux côtés de la croix; C. O. N. O. B. au-dessous : DOMS. CAR. RX.
Tiers de sol d'or de Bénévent.

8 **Grimoald** (790-795). Buste du prince de face : GRIMVALD. R̷.
Croix haussée sur trois degrés ; G. R. des deux côtés de la
croix ; C. O. N. O. B. au-dessous : VICTORV. PRINCIP.
Sol d'or de Bénévent.

9 **Grimoald** (790-795). Buste du prince de face : GRIMVALD. R̷.
Croix haussée sur un degré ; G. et R. des deux côtés de la
croix ; C. O. N. O. B. au-dessous : VITORV. PRINCIP.
Tiers de sol d'or de Bénévent.

10 **Sico** (817-823). Buste du prince de face : SICO. PRINCES. R̷.
L'archange Michel : ARHANGELV. ONO. MIHAEL.
Sol d'or blanc de Bénévent.

11 **Sico** (817-823). Sico en monogramme : PRINCES. BENEBENTI. R̷.
Croix haussée sur un degré : MIHAEL. ARHANGELIS.
Denier d'argent de Bénévent.

12 **Sicard** (823-839). Buste du prince de face : SICARDV. R̷. Croix
haussée sur trois degrés ; S. et I. des deux côtés de la croix ;
C. O. N. O. au-dessous : VICTOR. PRINCI. B.
Sol d'or de Bénévent.

13 **Sicard** (823-839). Buste du prince de face : SICARDV. R̷. Croix
haussée sur un degré ; S. et I. des deux côtés de la croix ; C.
O. N. O. au-dessous : VICTOR. PRINCI. B.
Tiers de sol d'or de Bénévent.

14 **Sicard** (823-839). SICARD. en monogramme : PRINCE BENE-
VENT. R̷. Croix haussée sur trois degrés entre deux points
dont un en triangle : ARHANGELVS. MIHAEL.
Denier d'argent de Bénévent.

15 **Radelchis** (840-852). Buste du prince de face : RADELCHIS. R̷.
Entre R. et A. croix haussée sur trois degrés : ARCHANGEL.
MICHAEL.
Sol d'or de Bénévent.

16 **Siconulf** (840-846). Buste du prince de face : SICONOLFVS. R̷.
Entre S. et I. croix haussée sur trois degrés ; C. C. N. O au-
dessous : VICTOR. PRINCI. B.
Sol d'or de Salerne.

## II. NAPLES ET SICILE

17 **République de Naples** (758-788). Buste de saint Janvier.
R̷. Croix haussée sur trois degres entre S. et J.
Pièce de cuivre de Naples.

18 **Roger le Grand, comte** (1060-1101). Un T. dans le centre, commencement de la légende illisible : ILAE. SICIL.. ℞. Croix ornée dans le second canton et N. E. dans le quatrième.

Pièce de cuivre de Milet en Sicile.

19 **Roger I, duc de Pouille** (1085-1101). Buste d'un saint : M. ℞. Etoile : SIC...

Pièce de cuivre de Salerne.

20 **Roger II** (comme duc de Pouille, I<sup>er</sup> comme roi de Sicile) (1130. 1139). Au milieu d'une légende arabe un R. couronné. ℞. Légende arabe.

Tari d'or rouge sicilien.

21 **Roger II** (I<sup>er</sup> comme roi de Sicile) (1130-1154). Le roi en dalmatique couronne en tête, appuyé à une grande croix, de l'autre côté de laquelle un guerrier; entre les deux AN. R. R R. SIC. R. DX. A. (Rogerius rez Siciliæ, Rogerius duc Apuliane.) ℞. Buste du Sauveur : LEXL. IN. ÆTERN.

Pièce d'argent scyphate sicilienne.

22 **Guillaume le Mauvais** (1154-1166). Le roi en dalmatique couronne en tête, appuyé à une grande croix, de l'autre côté de laquelle un guerrier : W. REX. DVX. PILISIV. ℞. Buste du Sauveur entre : IC et XC.

Pièce d'argent scyphate sicilienne.

23 **Guillaume le Mauvais** (1154-1166). Croix fleuronnée de trèfles : W. RE. DX. PV. entre les branches. ℞. L'Agneau pascal et croix.

Pièce de cuivre sicilienne.

24 **Guillaume II le Bon** (1166-1189). W. Une étoile RX. en triangle : SICIL... PRINC. AP. ℞. Branches de palmier, deux étoiles : PVLU.

Pièce d'argent scyphate sicilienne.

25 **Tancrède** (1191-1194). Le nom du roi Tancrède en arabe. ℞. REX. au centre : ROGERIVS.

Pièce de cuivre sicilienne.

26 **Soulèvement des barons napolitains contre le roi d'Aragon** (1461-1463). Tête de saint Pierre : SANCTVS. PETRVS. ℞. Enfant à cheval tenant un globe dans la main droite, une feuille de palmier dans la gauche : IN. LIBERTATE SVMVS.

Teston d'argent de Naples.

### III. PATRIARCAT D'AQUILÉE

27 **Voleker de Liebenstein** (1204-1218). Le patriarche assis :     *10*
AGVILEGIA. P. ℞. Ville.
Denier d'argent d'Udine.

28 **Bertold, comte de Méran** (1218-1251). Le patriarche assis :     *6*
BERTOLDVS P. ℞. Buste de saint Hermagore : CIVITAS. AGVI-
LEGIA.
Denier d'argent d'Udine.

29 **Grégoire de Montelongo** (1251-1256). Le patriarche debout :    *10*
GREGORIVS-ELECTVS. Fleur de lis : CIVITAS. AQVILEGIA.
Denier d'argent d'Udine.

30 **Grégoire de Montelongo** (1256-1269). Le patriarche assis :
GREGORIVS. PA. ℞. Croix pattée croisée par une croix à trè-
fle : AQVILEGIA.                                                   *13*
Denier d'argent d'Udine.

31 **Raimond della Torre** (1254-1275). Le patriarche assis : RAI-
MVNDVS. P. ℞. Deux sceptres fleurdelisés : AQUILEGENSIS.
Denier d'argent d'Udine.

32 **Raimond della Torre** (1275-1277). Le patriarche assis : RAI-
MVNDVS PA. ℞. Grande croix partageant la monnaie; des
clefs aux premier et second cantons; dans les troisième et        *10*
quatrième, des tours : AQVILEGENSIS.
Denier d'argent d'Udine.

33 **Raimond della Torre** (1275-1277). Le patriarche assis : RAI-
MVNDVS. PA. ℞. Armes des Torriani : AQVILEGENSIS.
Denier d'argent d'Udine.

34. **Raimond della Torre** (1277-1299). Sainte Vierge avec l'En-    *11*
fant : RAIMVNDVS. PA. ℞. Armes d'Aquilée : AQVILEGENSIS.
Denier d'argent d'Udine.

35 **Pierre Guerra** (1299-1300). Le patriarche assis : PETRVS. PA.   *5*
A. ℞. Un écu aux armes du patriarche dans la poitrine de
l'aigle d'Aquilée : AQVILEGENSIS.
Denier d'argent d'Udine.

36 **Ottobono de Razzi** (1302-1315). Buste du patriarche au-des-     *8*
sus d'un écu aux armes d'Aquilée : OTTOBONVS. PA. ℞. Ecu
aux armes du patriarche : AQVILEGENSIS.
Denier d'argent d'Udine.

37 **Pagan della Torre** (1319-1334). Le patriarche assis : PAGAN. PAT. HA. ℞. Armes de Torriani croisées par deux sceptres fleurdelisés : AQVILEGIA.
Denier d'argent d'Udine.

38 **Bertrand de Saint Génials** (1334-1350). La Vierge et l'Enfant : BERTRANDVS. P. ℞. Un B dans l'aigle d'Aquilée : AQVILEGENS.
Denier d'argent d'Udine.

39 **Nicolas de Luxembourg** (1351-1358). Le lion de Bohême : MONETA. NICOLAI. ℞. Croix fleuronnée : PAT. HE. AQVLESS.
Denier d'argent d'Udine.

40 **Louis della Torre** (1359-1365). Le patriarche assis : LVDOVICI. DA. ℞. Entre L. et V. les armes des Torriani croisées de deux sceptres fleurdelisés : AQVILEGIA.
Denier d'argent d'Udine.

41 **Louis della Torre** (1359-1365). Entre L. et O., deux sceptres fleurdelisés croisés : MONETA. LODOVICI. ℞. Armes d'Aquilée : PATRIARCHA. AQVILEGENSIS.
Denier d'argent d'Udine.

42 **Marquard de Randeck** (1366-1380). Chiffre du patriarche au-dessous d'un reliquaire : MARQVARDVS. PP. T. A. ℞. Grande croix pattée écartelée par une petite croix pattée : AQVILEGENSIS.
Denier d'argent d'Udine.

43 **Marquard de Randeck** (1366-1380). Aigle en cimier d'un heume à morion : MONETA. MARQVARDI. PATE. AQ. ℞. Entre M. et R. buste du patriarche au-dessous d'un écu à ses armes : S. HERMAGORAS.
Denier d'argent d'Udine.

44 **Philippe d'Alençon** (1381-1387). Armes du patriarche : FILIPVS. CARDINALIS. PAT. ℞. Armes d'Aquilée : RIARCHA. AQVILENSIS.
Denier inédit d'argent d'Udine.

45 **Jean de Moravie** (1388-1394). Entre deux roses, écu aux armes du patriarche, heume à cimier : IOHANES. PATRI. A. ℞. Buste de saint Hermagore : SANCTVS. HERMAGORAS.
Denier d argent d'Udine.

46 **Antoine Gaëtani** (1395-1400). Entre A. et N. écu aux armes du patriarche, heume à cimier : ANTONIVS. PATHA. ℞. Armes d'Aquilée : AQVILEGENSIS.
Denier d'argent d'Udine.

47 **Antoine Gaëtani** (1395-1400). Écu aux armes du patriarche :
ANTONIVS. PATRIARCA. ℞. Armes d'Aquilée : AQVILEGENSIS.
Denier d'argent d'Udine.

48 **Antoine II, Pancerra de Portogruaro** (1402-1418). Armes
du patriarche : ANTONIVS. PATRIARCA. ℞. Armes d'Aquilée :
AQVILEGENSIS.
Denier d'argent d'Udine.

49 **Louis II de Bavière, comte de Tech** (1419-1423). Armes du
patriarche : LODOVICVS. DE. TECH. ℞. Vierge avec l'Enfant :
PATH. AQVILE.
Denier d'argent d'Udine.


## IV. RÉPUBLIQUE DE VENISE

50 **Henry Dandolo** (1202-1205). Le doge debout recevant une
bannière de saint Marc ; DVX. entre les deux figures ; des deux
côtés : S. M. VENETI. et H. DANDVL. ℞. Le Sauveur assis sur
un trône.
Gros d'argent de Venise nommé Matapan.

51 **Pierre Ziani** (1206-1229). Le doge debout recevant une bannière de saint Marc ; DVX. entre des deux figures ; des deux
côtés : S. M. VENETI. et P. ZIANI. ℞. Le Sauveur sur un trône.
Matapan d'argent de Venise.

52 **Jacques Tiepolo** (1229-1248). Le doge debout recevant une
bannière de saint Marc ; DVX. entre les deux figures ; des deux
côtés : S. M. VENETI. et JA. TEVPL. ℞. Le Sauveur sur un
trône.
Matapan d'argent de Venise.

53 **Marin Morosini** (1249-1252). Le doge debout recevant une
bannière de saint Marc ; DVX. entre les deux figures ; des deux
côtés : S. M. VENETI. et M. MAVROCEN. ℞. Le Sauveur sur un
trône.
Matapan d'argent de Venise.

54 **Renier Zeno** (1252-1268). Le doge debout recevant une bannière de saint Marc ; DVX. entre les deux figures ; des deux
côtés : S. M. VENETI. et RA. ZENO. ℞. Le Sauveur sur un
trône.
Matapan d'argent de Venise.

55 **Laurent Tiepolo** (1268-1275). Le doge debout recevant une
bannière de saint Marc ; DVX. entre les deux figures ; des deux

côtés : S. M. VENETI. et LA. TEVPL. R̷. Le Sauveur sur un trône.

Matapan d'argent de Venise.

56 **Jacques Contarini** (1275-1280). Le doge debout recevant une bannière de s. int Marc; DVX. eutre les deux figures; des deux côtés : S. M. VENETI. et JA. E. TARINI. R̷. Le Sauveur sur un trône.

Matapan d'argent de Venise.

57 **Jean Dandolo** (1280-1289). Le doge debout recevant une bannière de saint Marc; DVX. entre les deux figures; des deux côtés : S. M. VENETI. IO. et DANDVL. R̷. Le Sauveur sur un trône.

Matapan d'argent de Venise.

58 **Pierre Gradenigo** (1289-1311). Le doge à genoux recevant une bannière de saint Marc; DVX. entre les deux figures; des deux côtés : S. M. VENETI. et PI. GRADENIGO. R̷. Entre neuf étoiles saint Marc debout bénissant : SIT. T. XPO. DAT. Q. IV. REGIS. ISTE. DVCAT.

Secchin d'or de Venise.

59 **Marin Georgi** (1311). Le doge debout recevant une bannière de saint Marc; DVX. entre les deux figures; des deux côtés : S. M. VENETI. et MA. GEORGIO. R̷. Le Sauveur sur un trône.

Matapan d'argent de Venise.

60 **Jean Soranzo** (1311-1327). Le doge debout recevant, une bannière de saint Marc; DVX. eutre les deux figures; des deux côtés : S. M. VENETI. et IO. SYRANTIO. R̷. Le Sauveur sur un trône.

Matapan d'argent de Venise.

61 **François Dandolo** (1328-1339). Le doge debout recevant une bannière de saint Marc; DVX. entre les deux figures; des deux côtés : S. M. VENETI. et FRA. DANDVLO. R̷. Le Sauveur sur un trôno.

Matapan d'argent de Venise.

62 **André Dandolo** (1344-1354). Le doge à genoux recevant une bannière de saint Marc; DVX. entre les deux figures; des deux côtés : S. M. VENETI. et ANDR. DANDVL. R̷. Entre neuf étoiles saint Marc debout bénissant : SIT. T. XPO. DAT. QTV. REGIS. ISTE. DVCAT.

Secchin d'or de Venise.

63 **Marin Faliero** (1354-1355). Le doge à genoux une bannière    *100*
à la main : MARIN. FALEDRO. DVX. ℞. Un lion debout une
bannière à la griffe, s. dans le champ : S. MARCVS. VENETI.
Soldino d'argent inédit de Venise se distinguant pour la figure de ceux
connus jusqu'à ce jour.

64 **Jean Dolfin** ( 1356-1361 ). Le doge à genoux recevant une    *20*
bannière de saint Marc ; DVX. entre les deux figures ; des
deux côtés : S. M. VENETI. et IO. DELPHINO. ℞. Entre neuf
étoiles saint Marc debout bénissant : SIT. T. XPC. DAT. QTV.
REGIS. ISTE. DVCAT.
Secchin d'or de Venise.

65 **Laurent Celsi** (1361-1365). Le doge à genoux recevant une    *43*
bannière de saint Marc ; DVX. entre les deux figures ; des deux
côtés : S. M. VENETI. et LAVR. CELSI. ℞. Entre neuf étoiles
saint Marc debout bénissant : SIT. T. KPC. DAT. QTV. REGIS.
ISTE. DVCAT.
Secchin d'or de Venise.

66 **Marc Cornaro** (1365-1367). Le doge à genoux recevant une    *25*
bannière de saint Marc ; DVX. entre les deux figures ; des deux
côtés : S. M. VENETI. et MARC. CORNARO. ℞. Entre neuf
étoiles saint Marc debout bénissant : SIT. T. XPC. DAT. QTV.
REGIS. ISTE. DVCAT.
Secchin d'or de Venise.

67 **André Contarini** (1367-1382). Le doge à genoux recevant une    *21*
bannière de saint Marc ; DVX. entre les deux figures ; des
deux côtés : S. M. VENETI. et ANDR. ATARENO. ℞. Entre neuf
étoiles saint Marc debout bénissant : SIT. T. XPC. DAT. QTV.
REGIS. ISTE DVCAT.
Secchin d'or de Venise.

68 **Antoine Venier** (1383-1400). Le doge à genoux recevant une    *21*
bannière de saint Marc ; DVX. entre les deux figures ; des deux
côtés : S. M. VENETI. et ANTO. VENERIO. ℞. Entre neuf étoiles ,
saint Marc debout bénissant : SIT. T. XPC. DAT. QTV. REGIS.
ISTE DVCAT.
Secchin d'or de Venise.

69 **Michel Steno** (1400-1413). Le doge à genoux recevant une    *18*
bannière de saint Marc ; DVX. entre les deux figures ; des deux
côtés : S. M. VENETI. et MICHAEL. SIEN. ℞. entre neuf étoiles
saint Marc debout bénissant : SIT. T. XPC. DAT. QTV. REGIS.
ISTE. DVCAT.
Secchin d'or de Venise.

**70 Thomas Mocenigo** (1413-1423). Le doge à genoux recevant une bannière de saint Marc; DVX. entre les deux figures; des deux côtés : S. M. VENETI et TOM. MOCENIGO. ℞. entre neuf étoiles saint Marc debout bénissant : SIT. T. XPC. DAT. QTV. REGIS. ISTE. DVCAT.

Secchin d'or de Venise.

**71 François Foscari** (1423-1457). Le doge à genoux recevant une bannière de saint Marc; DVX. entre les deux figures; des deux côtés : S. M. VENETI. et FRAC. FOSCARI. ℞. entre neuf étoiles saint Marc debout bénissant : SIT. T. XPC. DAT. QTV. REGIS. ISTE. DVCAT.

Secchin d'or de Venise.

**72 Pascal Malipiero** (1457-1462). Le doge à genoux devant une bannière de saint Marc; DVX. entre les deux figures; des deux côtés : S. M. VENETI et PA. MARIPET. ℞. entre neuf étoiles saint Marc debout bénissant : SIT. T. XPC. QAT. QTV. REGIS. IPSI. DVCA.

Secchin d'or de Venise.

**73 Christophe Mauro** (1462-1471). Profil du doge : CRISTOFORVS. MAVRO. DVX. ℞. Le lion de Venise : S. MARCVS. VENETI.

Bagattino de cuivre de Venise.

**74 Christophe Mauro** (1462-1471). Le doge à genoux recevant une bannière de saint Marc ; DVX. entre les deux figures; des deux côtés : S. M. VENETI. et CHRISTOF. MAVRO. ℞. entre neuf étoiles saint Marc debout bénissant : SIT. T. XPC.. DA-TVSQ. TV. REGIS. IPSE. DUCAT.

Secchin d'or de Venise.

**75 Nicolas Tron** (1471-1473). Profil du doge : NICOLAVS. TRONVS. DVX. ℞. Le lion de Venise : SANCTVS MARCVS.

Livre d'argent de Venise.

**76. Nicolas Marcello** (1473-1474). Le doge à genoux recevant une bannière de saint Marc ; DVX. entre les deux figures; des deux côtés : S. M. VENETI. et N. MARCELL. ℞. Le Sauveur sur un trône : TIBI. LEVS. GLORIA.

Livre d'argent de Venise.

**77 Dogaresse Morosini** (femme du doge Marin Grimani) (1597). Buste de profil de la dogaresse : MAVROCENA. MAVROCENA. ℞. en six lignes dans une couronne de lauriers : MVNVS. MA-VROCENÆ. GRIMANÆ. DVCISSÆ. VENETIAR. 1597.

Oselle d'argent de Venise.

78 **Dogaresse Quirini** (femme du doge Sylvestre (Valier) (1694). *42*
Buste de profil de la dogaresse. R⁊. dans une couronne de lau-
riers en six lignes : MVNVS. ELISABETH. QVERINÆ-VALERLÆ.
DVCISSÆ. VENETIAR. 1694.
Oselle d'argent de Venise.

79 **François II d'Allemagne** (1797). L'empereur en habit de *70*
doge, à genoux, recevant une bannière de saint Marc ; DVX.
entre les deux figures; des deux côtés : S. M. VENETI. et
FRANC. II. R⁊. Entre neuf étoiles saint Marc debout bénissant : SIT. T. XPC. DAT. Q. TV. REGIS. ISTE. DVCA.
Secchin d'or au balancier de Venise.

80 **François Iᵉʳ d'Autriche** (1806). L'empereur en habit de *39*
doge, à genoux, recevant une bannière de saint Marc ; DVX.
entre les deux figures; des deux côtés : S. M. VENETI. et
FRANC. I. R⁊. Entre neuf étoiles saint Marc debout bénissant : SIT. T. XPC. DAT. Q. TV. REGIS. ISTE. DVCA.
Secchin d'or de Venise.

81 **Garnison française bloquée dans Venise par les Autri-** *166*
**chiens, en 1813.** L. I. 60. au-dessous de la couronne de
fer : REGNO. D'ITALIA. R⁊. En quatre lignes : BLOCCO. DI. VE-
NEZIA. 1813.
Obsidionale de billon de Venise.

## V. SEIGNEURIE, DUCHÉ DE MILAN

82 **Première République milanaise** (1183-1240). Saint Ambroise assis : S. AMBROSIVS. R⁊. Croix pattée, croissants entre
les branches : MEDIOLANVM.
Livre d'argent de Milan.

83 **Première République milanaise** (1240-1277). Saint Ambroise assis : S. AMBROSIV. R⁊. Croix pattée, trèfles entre les
branches : MEDIOLANVM.
Demi-livre d'argent de Milan.

84 **Azzone Visconti** (1330-1339). Croix fleuronnée, ornée et cer- *5 50*
clée : AZO. VICECOMES. MEDIOLANVM. R⁊. Saint Ambroise as-
sis : S. AMBROSIVS. Couleuvre.
Livre d'argent de Milan.

85 **Azzone Visconti** (1330-1339). Croix à pattes ornées : AZO. *5 50*
VICECOMES. R⁊. Saint Ambroise assis : S. AMBROSI. Cou-
leuvre.
Demi-livre d'argent de Milan.

**86 Azzone Visconti** (1335-1339). AZO. VICECOMS. en trois lignes. Ｒ⁆. Croix pattée : CVMANVS.
Soldinò de billon de Como.

**87 Azzone Visconti** (1335-1339). A. z. dans le champ : VICECO-MES. Ｒ⁆. Croix creuse : CVMANVS.
Soldino de billon de Como.

**88 L'archevêque Jean et Lucchino Visconti** (1339-1347). Croix fleuronnée, ornée et cerclée : IOHES. S. LVCHINVS. VICE-COMITES. Ｒ⁆. Saint Ambroise assis : S. AMBROSI. MEDIOLANV.
Livre d'argent de Milan.

**89 L'archevêque Jean et Lucchino Visconti** (1339-1347). Armes des Visconti sous un heume à morion et à cimier à la couleuvre : LVCHINVS. VICECOES. MEDIOLANVM. Ｒ⁆. Saint Ambroise assis : S. AMBROSI. IOHS. VICECOES.
Livre d'argent de Milan.

**90 L'archevêque Jean** (1347-1354). IOHS. VICECOES. entre saint Gervais et saint Protasio debout ; derrière les saints : S. GER-VAS. P. S. PROTAS. P. Ｒ⁆. Saint Ambroise assis : S. AMBROS. P. MEDIOLANVM.
Livre d'argent de Milan.

**91 Barnabo et Galeas Visconti** (1355-1378). Entre B. et C. la couleuvre des Visconti surmontée de l'aigle impériale (Vica-riat imp. en Lombardie) : BERNABOS. GALEAZ. VICECOMITES. Ｒ⁆. Saint Ambroise assis : S. AMBROSI. MEDIOLANV.
Livre d'argent de Milan.

**92 Galeas Visconti** (1355-1378). Entre G. et z. la couleuvre des Visconti : GALEAZ. VICEOES. D. MEDIOLANI. JC. Ｒ⁆. Saint Ambroise assis : S. AMBROSI. MEDIOLAN.
Livre d'argent de Milan.

**93 Barnabo Visconti** (1355-1385). Heume à cimier à la couleu-vre : DOMIN. B. NABOS. Ｒ⁆. La couleuvre des Visconti : DOMIN. MEDIOLI.
Livre d'argent de Milan.

**94 Jean Galeas Visconti, comte de Vertus** (1385-1395). Croix fleuronnée, ornée et cerclée ; couleuvre : COMES. VIRTVTVM. D. MEDIOLANI. Ｒ⁆. Saint Ambroise assis : S. AMBROSI. ME-DIOLAN.
Livre d'argent de Milan.

**95 Jean Galeas Visconti, duc de Milan** (Seigneur de Sienne) (1399-1404). S. dans un contour de huit arcs de cercle ; au-des-

sus, la couleuvre des Visconti : SENA. VETVS, CIVITAS, VIRGI-
NIS. ℞. Croix pattée dans un contour de huit arcs de cercle :
ALEA. ET. W. PRINCIPIV. ET. FINIS.

Secchin d'or de Sienne.

96 **Jean Marie Visconti** (1402-1412). Entre I. et M. la couleuvre
des Visconti : IOHANES. MARIA. DVX. MEDIOLANI. ZC. ℞. Saint
Ambroise assis : S. ABROSIV. MEDIOLANI.

Livre d'argent de Milan.

97 **Hestore et Jean Charles Visconti** (1412). Croix ornée :
HESTOR. VICECOMES. ℞. La couleuvre des Visconti : IOHANES.
KARLVS.

Soldino de billon de Milan.

98 **Philippe Marie Visconti** (1413-1447). Le duc à cheval, armé
de toutes pièces : FILIPVS. MARIA. ANGLV. ℞. Entre F. I. et M
A. couronnés, un écu aux armes du duc; heume à morion et
à cimier à la couleuvre des Visconti : DVX. MEDIOLANI.

Secchin d'or de Milan.

99 **Philippe Marie Visconti** (1413-1447). Le duc à cheval, armé
de toutes pièces : FILIPVS. MARIA. DVX. MEDIOLAI. ℞. Saint
Ambroise assis : S. ABROSI. MEDIOLANI.

Demi-livre d'argent de Milan.

100 **Deuxième République de Milan** (1447-1450). M. dans un
contour de six arcs de cercle : MEDIOLANVM. ℞. Buste de
saint Ambroise : S. AMBROSIVS.

Demi secchin d'or de Milan.

101 **Deuxième République de Milan** (1447-1450). Armes de la
ville de Milan dans un contour de quatre arcs de cercle :
COMVNITAS. MEDIOLANI. ℞. Buste de saint Ambroise : S. AM-
BROSIV. MEDIOLANI.

Denier d'argent de Milan.

102 **François Sforza** (1450-1466). Profil du duc; couleuvre :
FRANCISCVS. SFORTIA. VIC. ℞. Le duc à cheval, armé de toutes pièces : DVX. MEDIOLANI. AC. IANVE. D.

Secchin d'or de Milan.

103 **Blanche Marie Visconti, régente** (1466-1468). Ecu aux
armes de la duchesse : B. M. GZ. M. DVCES. MLI. AC. JANVE.
D. JC. ℞. Buste de saint Ambroise : S. AMBROSIVS. MEDIO-
LANI.

Livre d'argent de Milan.

104 **Galéas Marie Sforza** (1468-1470). Profil du duc : GZ. MA. SF. VICECOMES. DVX. MLI. V. Z. R⁄. Entre G. et Z. et des sceaux enflammés, écu aux armes du duc surmonté d'un heume à morion et à cimier à la couleuvre : PP. ANGLE. OZ. CO. AC. IAHVE. DNS.
Secchin d'or de Milan.

105 **Galéas Marie Sforza** (1470-1474). Profil du duc : couleuvre. GALEAZ. MA. SF. VICECOS. DVX. MELI. V. Z. R⁄. Saint Ambroise à cheval chassant les Ariens : S. AMBROSI. MED.
Demi-teston d'argent de Milan.

106 **Galéas Marie Sforza** (1470-1474). Entre GZ. et M. profil du duc : couleuvre. GZ. MA. SF. VICECOMES. DVX. MELI. V. R⁄. Saint Ambroise à pied chassant les Ariens : S. AMBROS.
Livre d'argent de Milan.

107 **Galéas Marie Sforza** (1474-1476). Profil du duc : GALEAZ. M. SF. VICECOS. DVX. MLI. QIT. R⁄. Entre des sceaux ardents GZ. et M. l'écu à la couleuvre surmonté d'un heume à morion et à cimier et la couleuvre : PP. ANGLE. OS. CO. AC. SANVE. D.
Teston d'argent de Milan.

108 **Galéas Marie Sforza** (1474-1476). Profil du duc : GALEAZ. M. SF. VICECOS. DVX. MLI. QIT. R⁄. Entre G. et M. couronnés, armes du duc : PP. ANGLE. OS. CO. AC. SANVE. D.
Demi-teston de Milan.

109 **Bonne de Savoie, régente** (1477-1480). Profil de la duchesse : BONA. Z. IO. GZ. M. DVCES. MELI. VI. R⁄. Phénix renaissant de ses cendres : SOLA. FACTA. SOLVM. DEVM. SEQVOR.
Teston d'argent de Milan, commençant la série des pièces dont les coins sont de Léonard de Vinci.

110 **Jean Galéas Sforza** (1477-1480). Profil du duc armé, une cape sur la tête : IO. GZ. M. SF. VICECO. DVX. MLI. SX. R⁄. Écu aux armes du duc surmonté de deux heumes à morions et aux cimiers des Visconti et des Sforza : PP. ANGE. OZ. CO. SC.
Double secchin d'or de Milan, de Léonard de Vinci.

111 **Jean Galéas Sforza** (1480-1493). Profil du duc : IO. G. Z. M. SF. VICECOMES. DVX. MLI. SX. R⁄. Écu aux armes du duc surmonté de deux heumes à morions et aux cimiers, l'un des Visconti, l'autre des Sforza : LV. PATRVO. GVB. NANTE.
Teston d'argent de Milan, de Léonard de Vinci.

112 **Jean Galéas Sforza** et **Louis le More, régent** (1493-1494). Profil du duc : IO. GZ. M. SF. VICECO. DVX. MLI. SX. R⁄. Profil du régent : LVDOVICVS. PATRVVS. GVB. NANS.
Teston d'argent de Milan, de Léonard de Vinci.

113 **Louis le More Sforza** (1494-1499). Profil du duc : LVDOVICVS. M. SF. ANGLVS. DVX. MLI. ℞. Entre des sceaux enflammés un écu couronné aux armes du duc : PP. ANGLE. OS. CO. AC. SANVE. D. S. C.

Teston d'argent de Milan, de Léonard de Vinci.

114 **Louis d'Orléans** (Louis XII de France) (1494-1498). Profil du duc un bonnet sur la tête : LVDOVICVS. DVX. AVRELIANENSIS. ℞. Ecu aux armes du duc d'Orléans écartelé avec ceux des Visconti : MEDIOLANI. AC. AST. DNS.

Teston d'argent d'Asti.

115 **François d'Angoulême** (Ier, roi de France) (1515-1522). Ecu aux armes de France : FRANCISCVS. D. G. FRANCOR. REX. DVX. M. ℞. Croix aux branches fleurdelisées : XPS. VINCIT. XPS. REGNAT. XPS. IMPERAT.

Écu d'or de Milan.

116 **François II Sforza** (1525-1535). Couronne de duc traversée par des branches de laurier et de palmier : FRANCISCVS. SE-CVNDVS. ℞. Entre F. et II. un écu aux armes du duc : DVX. MEDIOLANI. EO.

Livre d'argent de Milan.

## VI. PRINCIPAUTÉ DE PADOUE.

117 **Jacopino Carrare** (1350-1355). Croix ornée écartelant la monnaie ; J. au premier champ, A. au second, les armes de Carrare aux troisième et quatrième : CIVITAS. PA. ℞. Saint Prosdocimus assis tenant la ville de Padoue dans sa main droite ; P. dans le champ : S. PROSDOCIMVS.

Denier d'argent de Padoue.

118 **François Carrare** (1355-1378). Entre deux F. le char des Carrare : FRACISI. DE. KRARIA. ℞. Saint Prosdocimus debout bénissant ; P. dans le champ. S. PROSDOCIMVS.

Denier d'argent de Padoue.

119 **François Carrare** (1378-1388). Entre deux F. le char des Carrare : F. D. KRARIA. PADVE. E. CETERA. ℞. Saint Daniel une bannière à la main, la ville de Padoue dans sa droite ; C. dans le champ : S. DANIEL. MARTIR.

Demi-livre d'argent de Padoue.

120 **François Carrare** (1378-1388). Entre deux F. le char des Carrare : FRANCISCI. D. CARARIA. ℞. Saint Daniel une ban-

nière dans la main gauche, la ville de Padoue dans la droite : SANCTVS. DANIEL.

Denier d'argent de Padoue.

121 **François II Novello Carrare** (1390-1405). Entre F. et J. le char des Carrare : FRANCISCI. DE. CARARIA. ℞. Saint Prosdocimus debout bénissant; Z. dans le champ : S. PROSDOCIMVS.

Denier d'argent de Padoue.

122 **François II Novello Carrare** (1390-1405). **Entre deux F.** un heume à morion et à cimier, à la tête de Maure cornue et ailée : SEPTIMVS. DVX. PADVE. ℞. Le char des Carrare : FRANCISCVS. D. CRARIA.

Pièce de cuivre de Padoue.


## VII. COMMUNE LIBRE DE VICENCE

123 **Trissino podesta** (1310-1312). Aigle gibeline : CIVITAS. Petit écu aux armes des Trissino. ℞. Grande croix pattée écartelant la monnaie : VICENCIE.

Denier d'argent de Vicence


## VIII. SEIGNEURIE DE VÉRONE

124 **Mastino I della Scala** (1262-1271). Croix pattée : CI. VI. CI. VEI. en contour; l'échelle des Scalligeri : VERONA. ℞. Croix pattée : VERONA. en contour : CIVI. CIVE.

Denier d'argent de Vérone.

125 **Albert II et Mastino II della Scala** (1329-1351). Grande croix pattée écartelant la monnaie; entre A. et M. l'échelle des Scalligeri : VERONE. ℞. Aigle gibeline : CIVITAS.

Denier d'argent de Vérone.

126 **Bartholomée II** et **Antoine II della Scala** (1375-1381). Heume à morion et à cimier au chien ailé des Scalligeri : B. THS. ANTHS. ℞. Tête de saint Zénon : échelle des Scalligeri. SANCTVS. ZENO.

Soldino d'argent de Vérone.

127 **Bartholomée II** et **Antoine II della Scala** (1375-1381). L'échelle des Scalligeri : B. TOLOMEVS. ℞. Croix pattée : ANTONIVS.

Soldino d'argent de Vérone.

## IX. SEIGNEURIE DE MANTOUE

128 **Passarino Bonacolsi** (1308-1327). Aigle gibeline ; petit écu aux armes des Bonacolsi : VIRGILIVS. ℞. Grande croix écartelant la monnaie : DE. MANTVS.

Denier d'argent de Mantoue.

129 **François Gonzague** (1382-1407). En légende, lion : FRANCIS. au centre, CHVS. ℞. En légende, écu aux armes des Gonzagues : MANTV. au centre, A.

Denier d'argent de Mantoue.

## X. COMMUNE LIBRE DE BRESCIA

130 **Régime communal gibelin** (1255-1264). Les saints patrons de Brescia : S. IOVITA. S. FRAVSTIN. ℞. Croix pattée, trèfles dans les cantons : BRISIA.

Gros d'argent de Brescia.

## XI. SEIGNEURIE DE CRÊME

131 **George Benzoni** (1409-1418). Armes des Benzoni : GEORGIVS. BENZONVS. ℞. G. B. dans le champ : DOMINVS. CREME. JC.

Denier d'argent de Crême.

## XII. SEIGNEURIE DE LODI ET PLAISANCE

132 **Jean de Vignate** (1405-1414). Entre Y. et O., écu aux armes des Vignate : IOHANES. D. VIGNATE. PLAC. LAVDE. JC. ℞. Saint Basian et saint Antonin debout tenant une bannière : S. BASIAN. S. ANTONIN.

Livre d'argent de Plaisance.

133 **Jean de Vignate** (1405-1414). Y. et O. dans un contour : HANES. DE. VIGNATE. ℞. Croix ornée : PLAC. LAVDE.

Soldino d'argent de Plaisance.

## XIII. SEIGNEURIE DE COMO

134 **Lutterio Rusca** (1410-1416). Croix pattée : LVTERIVS. RVSCHA. ℞. L. V. dans un contour à deux cercles réunis par deux angles : DOMINVS. CVMARVM.

Denier d'argent de Como.

## XIV. MARQUISAT DE VIGEVANO ET DE MUSOCCO

**135 Jean-Jacques Triulce** (1500-1518). Armes des Triulce : IO. IA. TRIUL. MAR. VIGLE. E. F. M. ℞. Saint George à cheval terrassant le dragon : SANCTVS. GEORGIVS.

Teston d'argent de Vigevano.

**136 Jean-Jacques Triulce** (1500-1518). Armes des Triulce : IO. IA. TRIVL. MAR. VIGLE. ET. F. MARE. ℞. Saint. George à pied terrassant le dragon : SANCTVS. GEORGIVS.

Livre d'argent de Vigevano.

**137 Jean-Jacques Triulce** (1500-1518). Armes des Triulce : IO. IA. TRIVL. MAR. VIGLE. ℞. Croix ornée fleuronnée : ET. FRANCIE. MARESCALCHVS.

Gros d'argent de Vigevano.

**138 Jean-Jacques Triulce** (1500-1518). Croix ornée et fleuronnée : IO. IA. TRIV. MAR. VIGLE. ℞. Trois petites croix tréflées : MARESCAL. FRANCOR.

Soldino de billon de Vigevano.

**139 François Triulce** (1518). Ecu aux armes des Triulce : FRANCISC. TRIVL. MAR. VIGLE. SC. ℞. Saint George à pied terrassant le démon : SAINCT. GEORGIVS.

Livre d'argent de Vigevano.

**140 François Triulce** (1518). F. au centre : FRANCIS. TRIVLTIVS. ℞. Croix ornée et fleuronnée : MAR. VI. ET. GAST. NO. C.

## XV. BAILLIAGES ITALIENS SUJETS DES SUISSES

**141 Domination de l'évêque de Sion** (1499-1515). Armes d'Uri et Unterwald surmontées de l'aigle impériale : VRANIE. Z. VNDERVALD. ℞. Croix ornée et fleuronnée : MONETA. NOVA. BELLIZONE.

Gros d'argent de Bellinzona.

**142 Domination de l'évêque de Sion** (1499-1515). Trois V. en triangle : VRANIE. Z. VNDERVAL. ℞. Croix ornée et fleuronnée : MONETA. NOVA. JC.

Soldino de cuivre de Bellinzona.

## XVI. DUCHÉ DE SABIONETTA

**143 Ve, duc de Sabionetta.** Profil : VE. D. G. DVX. SABLON. ℞. Saint Nicolas debout bénissant : SANCTVS. NICOLAVS.

Soldino de billon de Sabionetta.

## XVII. RÉPUBLIQUE DE GÊNES

**144 Régime communal** (commencement du xiv⁰ siècle). Grande croix écartelant la monnaie : CVNRAD. ℞. Portail légende illisible.
Soldino de cuivre de Gênes.

**145 Capitaines du peuple** (xiv⁰ siècle). Croix : CVNRADVS. REX. ℞. Portail : JANVA.
Denier d'argent de Gênes.

**146 Charles VI** (roi de France, maréchal Boucicault, gouverneur) (1401-1409). Fleurs de lis et portail : K. REX. F. D. JANVE. Z. ℞. Croix : CONRADVS. REX. R.
Denier d'argent de Gênes.

**147 Thomas Campofregoso** (1415-1422). Entre T. et C. portail dans un contour de huit arcs de cercle I. au-dessous : T. D. C. DVX. JANVENS. XVIII. ℞. Croix pattée dans un contour de huit arcs de cercle : CONRADVS. REX. ROMANOR. I.
Livre d'argent de Gênes.

**148 Philippe Marie Visconti** (duc de Milan) (1422-1435). Portail dans un contour de six arcs de cercle supportant la couleuvre des Visconti : F. M. DVX. MEDIOLANI. D. IA. ℞. Croix pattée dans un contour de six arcs de cercle : CONRADVS. REX. ROM. A.
Livre d'argent de Gênes.

**149 Galéas Marie Sforza** (duc de Milan) (1468-1476). Portail dans un double contour de sept arcs de cercle soutenant la couleuvre des Visconti : G. S. DVX. MEDIOLANI. D. IAN. ℞. Croix pattée dans un double contour de huit arcs de cercle : CONRADVS. REX. ROMANO. BI.
Secchin d'or de Gênes.

**150 Galéas Marie Sforza** (duc de Milan) (1468-1476). Portail dans un cercle de grenetis supportant la couleuvre des Visconti : G. S. DVX. MEDIOLA. D. IAN. ℞. Croix pattée dans un cercle uni : CONRAD. REX. ROMANO. AG.
Livre d'argent de Gênes.

## XVIII. COMMUNE DE SAVONE

**151 Régime gibelin sous les Doria** (1319-1353). Entre M. et S. les armes de Savone : fleurs de lis. CIVITATEM. SAVONAE. ℞. La Vierge et l'Enfant Jésus : VIRGO. MARIA. PROTEGE.
Teston d'argent de Savone.

### XIX. COMTÉ DE LAVAGNA

152 **Louis de Fiesques**. Profil du comte : LVDOVIC. FLISC. LAV-
NIE. J. C. DO. ℞. Saint Théones assis, au-dessus de lui un
aigle : S. THEONES. T. MARTIRI.
Teston d'argent de Lavagna.

153 **Pierre-Luc de Fiesques**. Profil du comte : P. LVCAS. FLIS-
CVS. LAVANIE. CO. DO. ℞. Saint Theones assis, au-dessus de
lui un aigle : S. TEONES. MARTIR.
Teston d'argent de Lavagna.

### XX. MARQUISAT DE ROCCAFORTE

154 **Napoléon Spinola** (1668). Profil du marquis : NEAPO. SPIN.
MAR. ROCF. ℞. Armes des Spinola; entre 16 et 68 : ET. S. R.
IMP. COM. RONCHIL. ET. C.
Livre d'argent de Roccaforte.

### XXI. MARQUISAT DE MONFERRAT

155 **Guillaume II Paléologue** (1502-1518). Profil du marquis un
bonnet sur la tête : GVLIELMVS. MAR. MONFER. JC. ℞. Ecu
aux armes de Montferrat : SACRI. RO. IMP. PRINC. VICQ. P. P.
Teston d'argent de Casale.

### XXII. MARQUISAT DE MASSA

156 **Guillaume Cybo-Malaspina**. Ecu aux armes des Cybo-
Malaspina : GVL. M... SP. MDR. ℞. Saint Arthur debout :
AC. P. FAV. A. NO. S. ARTVS.
Soldino de cuivre de Massa.

### XXIII. PRINCIPAUTÉ DE VAL DI TARO

157 **Frédéric Lando** (1622). Buste du prince de profil : D. FED.
LAN. S. R. I. AC. VALLTARI. PRIN. IV. EC. ℞. Saint François
en adoration ; MDCXXII. au-dessous du saint : S. FRANCIS.
PROTECT. NOSTER.
Écu d'argent de Bardi

### XXIV. DUCHÉ DE PARME ET PLAISANCE

158 **Alexandre Farnèse** ( 1574 ). Buste du duc de profil :
ALEXANDER. FARN. DVX. III. ℞. Sur l'écu aux armes de
Parme les trois Grâces : 1574. ISTIS. DVCIBVS.
Demi-écu d'argent de Parme.

159 **Edouard Farnèse** (1629). Buste du duc de profil : ODOARDVS.
FAR. PL. ET. PAR. DVX. V. ℞. Saint Antonin debout une ban-
nière à la main ; entre L. et X., 1629 au-dessous du saint :
S. ANTONINVS. M. PROT. PLAG.

Ecu d'argent de Plaisance.


## XXV. SEIGNEURIE, COMTÉ ET DUCHÉ DE LA MIRANDOLE ET DE LA CONCORDE

160 **Jean-François Pic de la Mirandole** (1515-1533). Profil.
de Jean-François Pic de la Mirandole en berret : aigle impériale. I. F. PICVS. MIRAND. D. C. C. ℞. Saint François en
adoration : AMORIS. MIRACVLVM.

Double secchin d'or de la Mirandole.

161 **Galeotto Pic de la Mirandole** (1533-1550). Armes réunies
des Pics, de la Mirandole et de la Concorde : GAL. PIC. II. MIR.
CON. D. ℞. Coq sur une branche.

Gros de cuivre de la Mirandole.

162 **Louis Pic de la Mirandole** (1550-1568). Armes des Pics
accolées sur les armes de la Mirandole écartelées avec celles de
la Concorde : LVD. PICVS. II. MIR. CON. Q. DNS. ℞. Ornements
de fruits, fleurs et feuilles, en double croix : IN. TE. DOMINE.
CONFIDO.

Secchin d'or de la Mirandole.

163 **Louis Pic de la Mirandole** (1550-1568). Armes des Pics
accolées sur les armes de la Mirandole, écartelées avec celles
de la Concorde : LVDOVICVS. P. II. MIR. CON. Q. DNS. ℞. S.
Possidonius assis bénissant : S. POSSIDQNIVS. MIR. EDI.

Livre d'argent de la Mirandole.

164 **Galeotto II Pic de la Mirandole** (1568-1591). Armes des
Pics accolées sur les armes de la Mirandole, écartelées avec
celles de la Concorde : GALEOTVS. PICVS. III. MIR. CON. Q. DNS.
℞. Ornements de fleurs de lis et de feuilles en double croix :
IN. TE. DOMINE. CONFIDO.

Secchin d'or de la Mirandole.

165 **Alexandre II Pic de la Mirandole** (1669). Profil : ALEXAND.
PICVS. DVX. MIR. II. ℞. En 16 et 69, écu aux armes du duc :
MARCHIO. CONCORD.

Teston d'argent de la Mirandole.

## XXVI. SEIGNEURIE DE BOLOGNE

**166 Taddé Pepoli** (1337-1348). Croix pattée : TADEVS. DE. PEPO-LIS. ℞. Saint Pierre debout : S. P. DE. BONONIA.
Livre d'argent de Bologne.

**167 Santi Bentivoglio** (1447-1462). Le lion de Bologne debout tenant une bannière ; à ses pieds écu aux armes de Bentivoglio : BONONIA. DOCET. ℞. Saint Pétrone assis tenant dans la main la ville de Bologne : S. PETRONI. DE BONONIA.
Double secchin de Bologne.

**168 Annibal Bentivoglio** et l'évêque **Antoine Galéas Bentivoglio** (1511-1512). Aigle avec NVNC. MSHI. sur une légende entre ses serres : S. HANNIBAL. BENTIV. ℞. Armes des Bentivoglio surmontées d'un chapeau d'évêque : ANTONII. GAL.
Pièce de cuivre de Bologne.

## XXVII. COMMUNE DE PERUGIA

**169 Régime du parti des Raspanti** (XIVᵉ siècle jusqu'en 1371). BE. PERVGI en légende, A. au centre. ℞. Buste de saint Equilien : S. EQVLANVS.
Livre d'argent de Pérugia.

## XXVIII. COMMUNE D'AREZZO

**170 Régime Guelfe des Tarlati** (1310-1320). Quatre I en croix, besants au centre et dans les cantons : DE. ARITIO. ℞. Buste de saint Donat : S. DONATVS.
Livre d'argent d'Arezzo.

## XXIX. ROME

**171 Brancaleone sénateur.** Lion : SENATVS. P. Q. ℞. Rome assise le globe dans la droite, une palme dans la gauche : ROMA. CAP. MVNDI.
Demi-teston d'argent de Rome.

## XXX. PRINCIPAUTÉ DE PIOMBINO

**172 Jacques VII Appiani** (1599). Armes des Appiani : IAC. VII. ARAG. D. APP. PRIN. PL. ℞. Croix pattée : FC. ECI. RAMO. ARBOR. ARIA. 99.
Livre d'argent de Portoferrajo.

**173 Jean Baptiste Ludovisi** (1696). Profil du prince : D. IVAN.
BAP. LVDOV. D. G. ℞. Au-dessous de 1696 les armes des Ludovisi : PLVMB. PRINC.

Secchin d'or de Piombino.

**174 Jean Baptiste Ludovisi** (1665-1699). Armes des Ludovisi :
D. IVAN. BAP. LVDOV. D. G. ℞. Profil du prince : PRIN.
PLVMB.

Livre d'argent de Piombino.

### XXXI. RÉPUBLIQUE DE SIENNE

**175 Régime communal gibelin** (1183-1260, année où, en mé-
moire de la victoire de Montaperti, Sienne se donne à la
sainte Vierge). S. entre quatre petites croix : SENA. VETVS.
℞. Croix pattée : ALFA. ED. W.

Livre d'argent de Sienne.

**176 Régime des nobles** (1385-1399). Grande S. ornée : SENA. VE-
TVS. CIVITAS. VGNS. ℞. Croix pattée : ALFA. Z. O. PRINCIPIV.
J. FINIS.

Secchin d'or de Sienne.

**177 Régime guelfe du peuple** (1482-1515). La louve allaitant
Romulus et Rémus : SENA. VETVS. CIVITAS. VIRGI. ℞. Croix
ornée : A. E. W. PRINCIPIV. E. FINIS.

Livre d'argent de Sienne.

**178 Régime gibelin** (1515-1525). Grande S. entourée de dix arcs
de cercle : SENA. VETVS. CIVITAS. VIRGINIS. ℞. Croix fleuronnée : ALPHA. ET. W. PRINC. ET. FINIS.

Livre d'argent de Sienne.

### XXXII. COMMUNE DE PISTOJA

**179 Lutte contre Lucques et Florence** (1302-1306). Ecu aux
armes de Pistoja entouré de roses. ℞. Coquille entourée de
roses.

Tessère d'argent de Pistoja.

### XXXIII. RÉPUBLIQUE DE FLORENCE

**180 Commune de Florence** (1182-1282). Fleurs de lis : FLOREN-
TIA. ℞. Buste de face de saint Jean-Baptiste : S. IOAN-
NES. B.

Gigliato d'argent de Florence.

181 **République guelfe** (1258-1522). Fleur de lis : FLORENTIA.
℞. Saint Jean-Baptiste debout : S. IOHANNE. B.
Secchin d'or de Florence.

182 **République guelfe** (1258-1530). Fleurs de lis, légende illisible. ℞. Saint Jean-Baptiste assis : S. IOHANNES. B.
Guelfe d'argent de Florence.

183 **Les Médicis à la tête de la République** (1464-1530). Fleur de lis : DE. FLORENTIA. ℞. Saint Jean-Baptiste debout : S. IOHANNES. B.
Demi-gros d'argent de Florence.

184 **Les Médicis chassés, gouvernement guelfe** (1494-1512). Fleur de lis : FLORENTIA. ℞. Saint Jean-Baptiste debout; petit écu aux armes des Albrizzi : S. IOHANNES. B.
Popolino d argent de Florence.

185 **Les Médicis retournent au pouvoir** (1512-1522). Fleur de lis : FLORENTIA. ℞. Baptême de Notre-Seigneur par saint Jean-Baptiste ; écu aux armes des Strozzi : S. IOHANNES. B.
Baril d'argent de Florence.

### XXXIV. DUCHÉ DE FLORENCE

186 **Alexandre Médicis** (1536). Profil du duc : ALEXANDER. MED. R. P. FLOREN. DVX. ℞. Saint Côme et saint Damian debout : S. COSMVS. S. DAMIANVS.
Teston d'argent de Benvenuto-Cellini.

187 **Côme Médicis** (1539). Profil du duc : COSMVS. MED. R. P. FLOREN. DVX. II. ℞. Le jugement dernier .: IN. VIRTVTE. TVA. SVDICA. ME.
Livre d'argent de Benvenuto-Cellini.

188 **Côme Médicis** (1549-1556). Profil à barbe du duc : COSMVS. M. R. P. FLOREN. DVX. II. ℞. Saint Jean-Baptiste assis : S. IOANNES. BATISTA.
Livre d'argent de Florence.

### XXXV. GRAND DUCHÉ D'ETRURIE

189 **François Médicis** (1584). Profil du grand duc : FRAN. MED. MAGN. DVX. ETRVRIÆ. D. ℞. Saint Jean-Baptiste debout; au-dessous, 1584 : S. IOANNES. BAPTISTA.
Ecu d'argent de Florence.

190 **Ferdinand Médicis** (1587). Profil du grand duc en cardinal ; au-dessous, 1587 : FERD. M. CAR. MAG. DVX. ETRVRLÆ. III. R̷. Croix de saint Etienne entre les six boules des Médicis, à travers la branche supérieure une couronne grand-ducale ; au-dessus, le chapeau de cardinal : A. DNO. FACTVM. EST. ISTVD.

Ecu d'argent de Florence.

191 **Ferdinand Médicis** (1595). Profil du grand-duc : FERDINAN-DVS. MED. MAGN. DVX. ETRVRIÆ. III. R̷. 1595 au-dessous de saint Jean baptisant N. S. : FILIVS. MEVS. DILECTVS.

Ecu d'argent de Michel Mazza.

192 **Côme II Médicis** (1610). Au-dessus de 1610 profil du grand duc : COSMVS. II. MAGN. DVX. ETRVR. IIII. R̷. Au-dessous de 1610, saint Jean baptisant N. S. : FILIVS. MEVS. DILECTVS.

Ecu d'argent de Florence.

193 **Ferdinand II Médicis** (1635). Profil du grand duc : FERD. II. MAGN. DVX. ETRVRIÆ. R̷. Au-dessus de 1635, saint Jean-Baptiste debout : S. IOANNES. BATISTA.

Ecu d'argent de Florence.

194 **Côme III Médicis** (1676). Au-dessus de 1676, le profil du grand duc : COSMVS. III. D. G. MA. DV. ETRVRI. VI. R̷. Saint Jean baptisant N. S. : FILIVS. MEVS. DILECTVS.

Ecu d'argent inédit (les écus ne sont que de l'année suivante), de Florence.

195 **Jean-Gaston Médicis** (1725). Au-dessus de 1725, le profil du grand duc : IOAN. GASTO. I. D. G. MAG. DVX. ETRVR. VII. R̷. Au-dessous d'une couronne fermée, un portail entre deux tours crénelées ; au-dessous du portail : FIDES. autour : ET. PATET. ET. FAVET.

Ecu d'argent de Florence.

196 **Jean-Gaston Médicis** (1726). Au-dessus de 1726, les armes du grand duc : IOAN. GASTO. I. D. G. M. DVX. ETRVRIAE. R̷. LIBVRNI au-dessous d'un buisson de roses; autour : GRATIA. ODVIA. VLTIO. QVAESITA.

Ecu d'argent de Livourne.

FIN

* 9 7 8 2 3 2 9 4 1 2 7 2 6 *